Remerciements

Cet ouvrage est le fruit d'une aventure personnelle aussi unique qu'inattendue, Ô combien difficile mais Ô combien passionnante et haletante !

Que toutes les personnes ou sociétés qui ont apporté leur aide, leur contribution, leur soutien ou tout simplement manifesté leur intérêt au long de ce parcours créatif trouvent ici l'expression de ma plus sincère gratitude :

La Société Nouvelle d'exploitation de la Tour Eiffel qui m'a ouvert ses portes et permis de mener à bien ce projet :
Jean-Bernard BROS (Président-Directeur général) ; Jacques MARVILLET (Directeur général délégué) ; Yves CAMARET (Responsable du service technique et de sécurité).

Stéphane DIEU (Responsable du service de documentation) et Françoise DELBARRE sa collaboratrice pour son calme, son efficacité et sa compétence.

Pierre BIDEAU qui m'a apporté son « éclairage précieux » pour expliquer son œuvre.

Les sociétés AE&T ; CITROËN ; DANIEL Xavier ; EIFFAGE-Viaduc de Millau ; GIP-Paris 2012 ; JARNIAS ; MIDI LIBRE ; Musée de Radio-France ; RMN (Réunion des musées nationaux) ; SKY LIGHT, Paris ; TDF (Télédiffusion de France) ; TRIMARAN ; WIKA-DIMO.

Jean-Paul GOUDE/Les Galeries Lafayette.
Benoit SIGROS, architecte associé, Agence AACMA.

Mes remerciements les plus chaleureux s'adressent à Isabelle MONFORT, spontanément présente, active et dévouée dans les moments les plus cruciaux…

A ma famille en France et à travers le monde !
A mes amis ou /et confrères fidèles et attentionnés… ils se reconnaîtront ; à Farid qui aurait tant aimé voir ce travail si il ne nous avait quitté trop tôt.
A Yvette JOSEFSOHN pour son accueil chaleureux…
A Walid CHBEIR pour avoir supporté avec calme et patience les conséquences professionnelles de ce parcours d'une année.

Enfin une pensée particulière à ceux qui m'ont initiée, accompagnée ou inspirée depuis 4 ans dans la pratique de la photographie numérique génératrice de la grande majorité des photos de ce livre (période post-an 2000) : Samuel ORSENNE , Nik SCHRAMM, Gérard GOURION.

Paris le 4 Avril 2006

CATHERINE ORSENNE

LA TOUR EIFFEL
Un phare universel

A Monsieur John Roberts, merci
pour votre interêt pour cet ouvrage
fait avec le cœur et l'œil d'une...
Parisienne ! Best Regards

Balades photographiques

SOMMAIRE

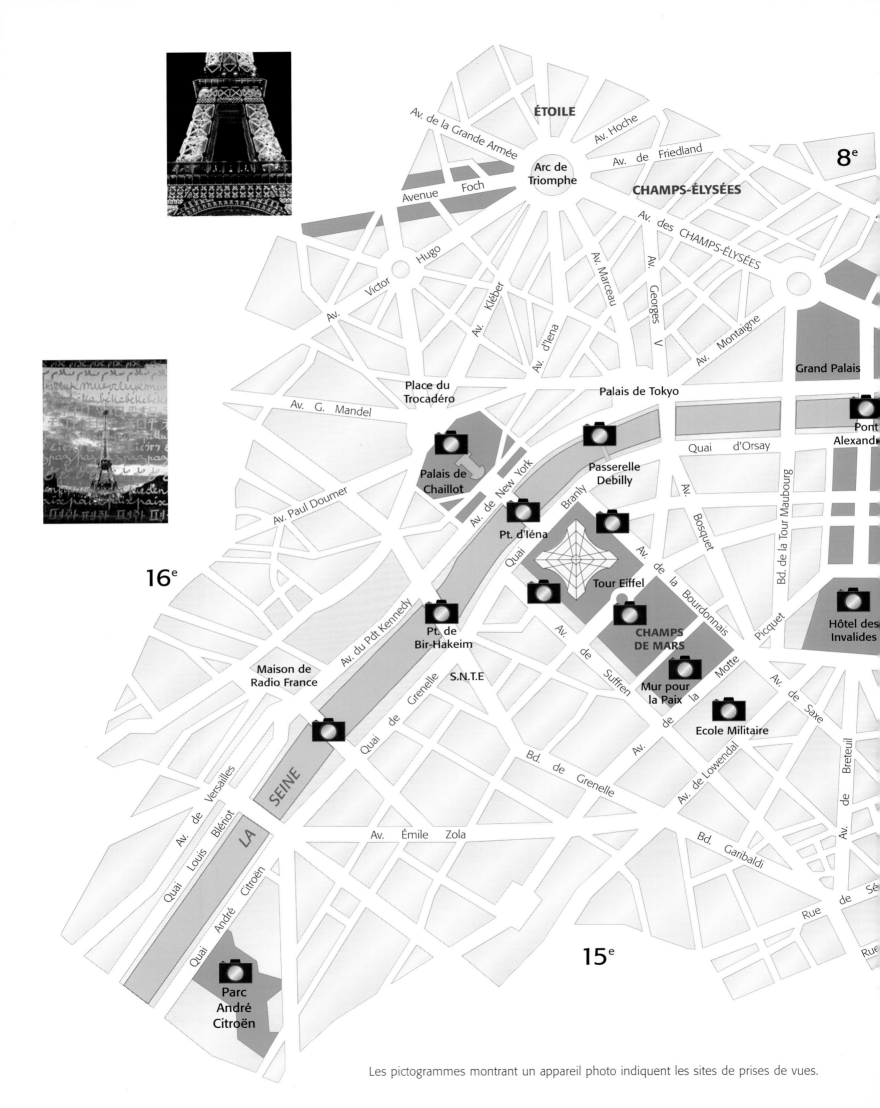

Les pictogrammes montrant un appareil photo indiquent les sites de prises de vues.

Balades photographiques
au détour de la Sentinelle de Paris

Avant-propos

*P*aris est magique et la Tour Eiffel unique, à moins que cela ne soit l'inverse… Paris pour décor et décor de Paris, Paris Ville lumière et lumière de Paris, princesse le jour et reine la nuit, tour éphémère et tour centenaire, compagne d'un jour ou compagne d'une vie, phare parisien et phare universel…

Cet édifice n'est à nul autre pareil, altier symbole des progrès technologiques du XIXe siècle, mais aussi du savoir-faire allié au faire savoir, à l'intuition audacieuse, à l'esprit de libre entreprise et au financement personnel d'un homme, Gustave Eiffel.

Cette « Grande Dame » plus que centenaire, à la jeunesse insolente, franchit allégrement siècles et millénaires plus resplendissante et scintillante que jamais. Elle ne cesse de faire tourner les têtes des citoyens du monde, à l'image de son phare, qui tournoie dans le ciel parisien.

Le jour, c'est une princesse rieuse ou taciturne, selon les caprices du temps, la nuit, c'est une Reine qui brille de mille feux dans sa merveilleuse robe dorée, créée par un magicien de la lumière, Pierre Bideau.

De même qu'une femme, vous pouvez la côtoyer au quotidien sans jamais la rencontrer vraiment ou l'étreindre dans vos bras l'espace d'une visite magique. Elle peut éventuellement vous laisser indifférent, plus sûrement forcer votre admiration et même vous en rendre amoureux. Vous pouvez l'embrasser d'un regard lointain au détour des rues et des ponts de la ville, ou la capter par le zoom de votre appareil photo

et de votre caméra, la regarder par en dessous, par au-dessus, ou en son sein. Comme une femme, elle reste mystérieuse, ne se dévoilant jamais totalement…

Véritable objet de convoitise et de rêveries enfantines, elle aime à jouer les premiers rôles et ne rechigne pas à servir de décor aux événements les plus festifs, qu'ils soient uniques ou traditionnels.

Nous sommes loin de l'Exposition universelle de 1889, dont elle fut LA vedette. C'est ELLE qui jouit, à présent, d'une « exposition universelle »… celle que permet, à l'orée du IIIe millénaire, la combinaison fabuleuse des progrès des techniques de l'informatique et des images. Cette tour, à la singulière architecture arachnéenne est désormais présente sur la toile mondiale, à travers son site internet et les web-cam qui la scrutent. Elle peut pénétrer à tout moment au cœur des foyers aux quatre coins du globe, dont elle indique les points cardinaux par ses piliers. Curieuse destinée de celle qui, menacée de destruction avant sa majorité, a finalement été repêchée, grâce à son rôle de relais dans les premières techniques de communication du début du XXe siècle, un rôle d'antenne-phare qu'elle perpétue jusqu'à ce jour.

Honnie à sa naissance par la France d'en haut et immédiatement adoptée par la France d'en bas, elle est aujourd'hui **le monument le plus connu et l'édifice payant le plus visité et le plus photographié au monde : un véritable « épicentre » festif et touristique !**

Pour moi, cette tour fut tout d'abord la « compagne de proximité » d'une enfance et d'une adolescence qui se sont déroulées à quelques encablures du Trocadéro, puis « un point de passage » qui a jalonné tous mes parcours dans Paris, que ce soit à pied, en bus, en métro ou en voiture, et un repère aérien ou routier au retour de voyages. La tour Eiffel, si familière dans mon quotidien, se muait de temps à autre en une « compagne de fêtes » : célébrations du 14 Juillet, du centenaire, du compteur de l'an 2000 et de l'inoubliable soirée du Millenium… et permet aujourd'hui de rêver à celles des Jeux olympiques, très attendus à Paris en 2012 !

Je ne garde, curieusement, aucun souvenir particulier de ma première visite. Mais, en janvier 1986, au retour de vacances, elle m'apparut littéralement transfigurée dans sa nouvelle robe du soir dorée… Depuis, tous mes trajets en voiture empruntent invariablement, pour que je puisse l'admirer, ses abords immédiats, comme téléguidés par un rail semblable à celui des circuits automobiles de notre enfance !

Puis en avril 1997, lors d'un dimanche printanier qui nous sortit brusquement des limbes de l'hiver, lors d'une **journée unique, millième jour avant l'an 2000,** se produisit un véritable « déclic » temporel et photographique.

Grâce au compteur, ce moment inévitablement singulier qu'est le passage d'un siècle et d'un millénaire, et auquel très jeune, je pensais déjà, commençait à devenir réalité. La photo emblématique de cette journée, celle que l'on n'oublie pas, jeta les bases d'un travail photographique qui rythma la fin de « mon » XXe siècle à Paris !

Au printemps 2004, la perspective de pouvoir partager ce travail remit instantanément la Tour au centre de mon objectif photographique et augmenta ma soif de mieux la connaître.

Des prémices de sa naissance, en passant par les étapes clés de son histoire, toujours en phase, voire en avance, sur son temps, de sa vie quotidienne comme de ses moments particuliers, de ses entrailles ou d'un haut lieu parisien, de haut en bas ou de bas en haut, à toute heure et par tous les temps, la Tour Eiffel m'a accompagnée et m'accompagnera désormais, tant notre complicité s'est renforcée !

Balades à travers l'espace, balades à travers le temps et l'histoire, toujours guidées par ce **phare** au destin **universel !**

Cet ouvrage se veut le « reflet » de ces multiples rencontres photographiques et culturelles, programmées et inopinées, classiques et insolites.

15 juillet 1997

23 octobre 1997

31 janvier 1998

27 novembre 1998

6 mars 1999

15 juin 1999

11 mai 1998

18 août 1998

23 septembre 1999

La Tour des quatre saisons : Dame de Fer et Dame Nature

Depuis 115 ans le temps s'égrène inlassablement autour de la tour au rythme perpétuel des saisons. Elle veille sur nous et nous veillons sur elle… Lors des chaleurs estivales, elle se dilate au soleil pendant que des admirateurs pique-niquent à ses pieds ; lors des tempêtes automnales, elle dodeline de la tête alors que les visiteurs courbent le dos ; avec les froidures et exceptionnelles neiges hivernales, elle se contracte et se fige pendant que de courageux touristes bravent ces conditions hostiles mais quand revient le printemps… elle réapparaît fraîche et pimpante dans un écrin de verdure et de bouquets multicolores alors que les essaims de visiteurs viennent y butiner à nouveau et les amoureux parfois y déclarer leur flamme… car la tour est aussi un monument hautement romantique !

Paris pour décor et décor de Paris

Balades au détour de la Tour

Pour qui passe seulement quelques heures à Paris, y vit ou y travaille, s'y promène par plaisir ou s'y déplace par obligation, impossible pour la tour d'échapper à un regard scrutateur ou détaché, sauf à être emmitouflée dans un épais manteau céleste qu'elle permet alors de jauger comme une échelle graduée. La tour est au plafond de nuages ce que le zouave du pont de l'Alma est au niveau de la Seine…

De jour comme de nuit, elle s'élève au-dessus du substrat urbain de sa silhouette altière et élancée, les pieds bien implantés dans le sol, la tête pointée vers le ciel, le soleil et les étoiles, symbolisant à merveille cette dualité de l'Homme :

terrien pragmatique et rêveur en quête d'élévation. Peut-être faut-il y voir l'une des raisons principales d'un succès identique à celui des cathédrales ? À ce propos, il est amusant de savoir que Notre-Dame de Paris et la Tour Eiffel sont les deux monuments les plus visités des touristes, alors que la tour fut qualifiée par l'un de ses détracteurs initiaux de « Notre-Dame des ferrailleurs » !

La tour est située à la croisée de deux axes principaux de la ville : d'une part, l'axe courbe formé par la Seine, dont elle semble émerger et qu'elle semble couver du regard, et, d'autre part, l'axe rectiligne reliant le Trocadéro à l'École militaire, qui lui offre un dégagement tel qu'elle s'y dévoile dans son intégralité.

Baladons-nous au fil de l'eau de ponts en quais, de places en jardins, de monuments en musées et de rues en impasses. Autant de lieux chargés d'histoire dont elle est devenue la compagne fidèle et dont le regard peut capter une parcelle.

« Paris est à l'origine une île, une île sur un fleuve, île perdue au milieu d'un océan de terre. Il ne faut pas venir à Paris mais s'y échouer, à la limite y accoster… » Martin Page.

Arrêtons-nous un instant au **musée d'Orsay**, à l'origine une gare de chemins de fer construite en vue de l'Exposition universelle de 1900. Inutilisée depuis 1939, elle est inscrite à l'inventaire des Monuments historiques en 1973, a été classée en 1978, et transformée en un musée dédié aux œuvres du XIXe siècle, lequel ouvre ses portes à la fin de l'année 1986, après huit ans de travaux confiés à l'architecte italienne Gae Aulenti. Il connaît d'emblée un immense succès, en raison de la richesse des œuvres picturales ou sculpturales présentées, mais aussi de la réussite de la transformation du bâtiment. Si ce bâtiment ne côtoie pas la tour de près, il en abrite la mémoire, les secrets de fabrication et autres documents rares car, fait peu connu et qui mérite qu'on s'y attarde quelques instants, il est le dépositaire et le légataire du « **fonds Eiffel** » depuis 1981.

En effet, Gustave Eiffel a transmis à la fin de sa vie à sa fille aînée, Claire (1863-1934), un ensemble de documents aussi divers que des manuscrits autographes, des peintures, des dessins, des sculptures, objets, des livres ou des films qui apportent des renseignements biographiques le concernant qui étaient ignorés et inédits jusqu'alors.
Elle-même le donna à sa propre fille, Geneviève (1891-1978), épouse de l'architecte André Granet, qui l'enrichit encore et entama les pourparlers pour aboutir, il y a vingt-cinq ans, avec Solange Granet, arrière-petite-fille de l'illustre ingénieur, à ce don si riche et si merveilleusement conservé.

Après des années d'un travail accompli par Amélie Granet, fille de Solange, un catalogue complet et documenté de cet immense « fonds Eiffel » est désormais dressé, témoin structuré du génie créatif d'un homme et, à travers lui, de son époque. La valeur de ce fonds est inestimable, qualitativement et quantitativement.

De la **place de la Concorde**, la tour apparaît au loin, parallèle à l'obélisque central, que trois mille ans d'Histoire séparent.

« Les chairs des statues
sont de bronze florentin
(brun foncé), les vêtements
de bronze vénitien (vert)
et les accessoires et
ornements sont dorés. »

J. L. Hittorff

Successivement place Louis XV, dont elle abrite la statue équestre en 1772, puis place de la Révolution, en 1792, quand elle accueille la guillotine, et, enfin, rebaptisée, en 1795, place de la Concorde, en signe de réconciliation des Français, elle est l'œuvre de l'architecte Gabriel. Elle est située aux confins du jardin des Tuileries et à l'amorce de la célébrissime avenue des Champs-Élysées. De forme rectangulaire et d'une superficie de 84 000 mètres carrés, elle est géométriquement agrémentée de dix-huit somptueuses colonnes rostrales, de huit statues en pierre de villes françaises et de deux grandes fontaines situées de part et d'autre du fameux obélisque.
L'ensemble, qui a dernièrement été l'objet d'un vaste programme de restauration, retrouve l'éclat et le lustre qu'avait voulus son créateur, J. L. Hittorff.

Ces colonnes, dont les rostres symbolisent les armes de la Ville de Paris et le génie naval de la France, servent de support à des lanternes et éclairent la place avec les nombreux réverbères, participant grandement à la réputation de Ville lumière de la capitale. L'obélisque est l'épicentre de cette vaste place, monolithe de grès rose de 22 mètres en provenance de Louxor, qui a remplacé la statue de Louis XV en 1836.

Flânons le long du quai du Port-de-Paris, de péniche en péniche, à la rencontre du merveilleux **pont Alexandre III**, sorte de trait d'union entre les Invalides, le Petit Palais et le Grand Palais, entre la royauté, l'Empire et la République… Louis XIV, Napoléon et le président Félix Faure.

Un ensemble qui forme l'une des plus majestueuses perspectives de Paris, là où tout s'élargit à la vue comme à l'esprit du promeneur surgissant des rues étroites du VIIe arrondissement ou du métro souterrain. Ses éléments constitutifs ont en commun d'avoir servi de site ou d'avoir été construits en vue des expositions universelles qui se sont succédées jusqu'en 1900.

Le 7 octobre 1896, le tsar Nicolas II posa la première pierre de cet ouvrage dédié à son père récemment disparu et destiné à renforcer l'amitié de la France avec la Russie impériale. Il s'agit du premier pont construit en acier. L'ossature est faite de quinze arcs d'une portée de 107 mètres supportant un tablier d'une largeur exceptionnelle de 40 mètres. Son niveau a été calculé pour permettre au regard d'un observateur situé aux Champs-Élysées rasant le sommet du tablier de voir la base des Invalides à l'opposé, tout en permettant la navigation fluviale en dessous de lui ! Mais en conséquence, en cas de crue, il est le premier à condamner tout passage de bateau.

Les quatre pylônes en maçonnerie, surmontés de chevaux ailés en bronze doré, pèsent à l'aplomb des quatre culées du pont afin de dévier, vers le bas, les forces considérables dues au rabaissement maximal de cet arc unique.

À l'instar de la Tour Eiffel, le pont Alexandre III s'ouvre à notre regard avec une infinie variété d'éclairages diurnes ou nocturnes sans cesse changeants, pour se marier avec la Dame de Fer et former l'un des couples les plus célèbres de la capitale, particulièrement prisé des photographes et autres cinéastes.

Souvent qualifié de « plus beau pont parisien »,
resplendissant depuis sa remise en état, en 1997, le pont Alexandre III
allie avec bonheur la ligne pure de cette voûte singulière et les nombreux éléments
décoratifs et ornementaux qui l'agrémentent.

De l'aurore au crépuscule, les ornements de style baroque
aux formes ampoulées contrastent avec la silhouette effilée
et ajourée de la tour, mais que dire de la nuit,
quand les illuminations respectives se mêlent
dans une superbe symphonie d'éclats argentés et dorés
que la Seine démultiplie !

Rive droite, le pont débouche sur le Petit Palais et le Grand Palais, de style néoclassique, construits en vue de l'Exposition universelle de 1900. Le Petit Palais, tout juste restauré, appartient, lui aussi, à la Ville de Paris, et en abrite les collections, parmi lesquelles des fresques murales dédiées aux monuments et aux figures de son histoire. De son campanile, on découvre un merveilleux panorama ouvert sur les axes Notre-Dame – palais de Chaillot et Champs-Élysées – Invalides. Vers l'ouest, la sentinelle de Paris semble émerger de l'immense coupole zénithale du Grand Palais, alliance réussie du métal et du verre, dont la réfection vient tout juste de s'achever. La galerie sous-jacente ne connaît pas à ce jour sa future affectation.

Rive gauche, le pont mène à la vaste esplanade, qui se termine par la belle façade de l'hôtel des Invalides, large de 200 mètres, et devant laquelle pointe une rangée de canons en bronze, vestiges des batailles napoléoniennes. La splendide coupole en plomb a été redorée à la feuille pour les festivités du bicentenaire de la Révolution. Tout proche, le célèbre musée Rodin, comprenant l'Hôtel Biron où habita le sculpteur, entouré de 3 hectares de jardins mêlant bassins, roseraie, tilleuls et de nombreuses sculptures. Une véritable oasis de calme, de verdure et d'esthétisme en plein Paris.

L'ensemble des bâtiments
abrite le musée des Armées,
les plans-reliefs des places fortes
françaises, un hôpital ultramoderne,
la chapelle Saint-Louis, ainsi que
le tombeau de Napoléon,
sous le dôme de l'église érigée
à la gloire de Louis XV.

Une fois la courbe de la Seine passée apparaît la passerelle Debilly – construction métallique datant de 1900, supposée, elle aussi, être provisoire –, et nous voici sur le **pont d'Iéna.** Il s'agit certainement du pont parisien le moins célèbre, au regard de sa fréquentation annuelle, car il est situé aux pieds même de la Tour Eiffel. Il est avant tout le passage obligé de la *boucle initiatique* que toute personne découvrant Paris effectue autour de son monument le plus emblématique.

Ses trottoirs sont foulés dans un inlassable ballet piétonnier de touristes allant du palais de Chaillot à l'École militaire, du parvis des Droits de l'Homme au mur de la Paix, du Champ-de-Mars aux jardins du Trocadéro, ou du bassin de la place Jacques Rueff aux fontaines de Varsovie. Son tablier est emprunté par la noria d'autocars de visiteurs de toutes contrées, le nez et l'objectif collés aux vitres.

Ses piles massives, en pierre, sont caressées par les remous incessants provoqués par les rondes des bateaux-mouches qui se glissent sous ses voûtes, emplis de touristes, les yeux écarquillés par la beauté de la balade fluviale à travers la ville.

Certains, privilégiés, ont ancré leur péniche de part et d'autre du pont d'Iéna et y habitent à l'année ! Quelle adresse et quel décor…

Construit en 1814 et élargi par la suite, le pont d'Iéna est encadré par quatre statues de guerriers et leur monture : un Grec et un Arabe côté Tour Eiffel, un Gaulois et un Romain côté Chaillot.

Rive droite, la **colline de Chaillot** est surmontée de deux ailes courbes du palais du même nom, construites en 1937 pour l'Exposition des arts et des techniques en remplacement du palais érigé pour l'Exposition universelle de 1878, jugé peu esthétique. S'agit-il d'une réussite sur ce plan-là ? Elles sont en tout cas un lieu de culture qui abrite les musées de l'Homme et de la Marine, à l'ouest, ainsi que le Théâtre national de Chaillot et la Cinémathèque de Paris, à l'est.

Si c'est un lieu de promenade incontournable, c'est surtout à son parvis central de 55 mètres de large qu'on le doit. Cette esplanade est dédiée depuis 1985 aux Droits de l'Homme et du Citoyen, et depuis 1987 à la lutte contre la misère et au soutien du quart-monde. Elle est le lieu de prédilection de très nombreux rassemblements motivés par la défense des grandes causes de l'humanité.
Elle offre une vue imprenable et unique sur la sentinelle de Paris et surplombe les jardins en terrasse du Trocadéro, son grand bassin, ses fontaines et ses 20 puissants canons, ses allées latérales arborées accessibles par deux larges escaliers. De nombreuses statues de pierre ou de bronze, reflet des années trente, parsèment ce vaste espace.
Lors de fortes chaleurs estivales, Parisiens et touristes ont pris l'habitude, depuis l'été caniculaire de 1976, de patauger dans cet immense bassin aux jets rafraîchissants, le transformant en la « plus belle piscine du monde », et de se prélasser sur les pelouses qui l'entourent. Et dire que, dans les années cinquante, ce bassin souvent gelé en hiver devenait la « plus belle patinoire du monde »… Encore un signe des changements climatiques !
Cet espace ouvert prolongé par la place de Varsovie est le lieu de nombreux événements festifs ou sportifs ; il sert, pour chaque fête du 14 Juillet, de pas de tirs des plus grosses fusées du traditionnel feu d'artifice.

De pont en pont...

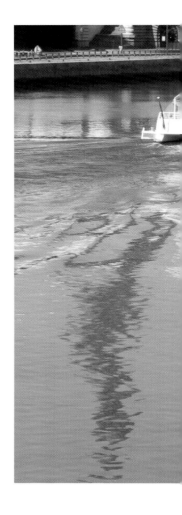

Rive gauche, le pont d'Iéna semble s'enfoncer sous l'immense porche que forme la Tour Eiffel et se prolonger par le Champ-de-Mars.

Ce vaste espace vert rectiligne, réduit à 21 hectares depuis l'implantation de deux lignées d'immeubles au début du siècle dernier, dans la continuité du pont et des jardins du Trocadéro, participe à l'une des plus belles perspectives de la capitale. Il offre à la tour un dégagement visuel dans un écrin de verdure que bichonne une équipe de jardiniers des services des parcs et des jardins de la Ville de Paris. Seul parc parisien ouvert 365 jours par an, jour et nuit, il connait une fréquentation importante et ininterrompue. De très nombreuses essences d'arbres et d'arbustes l'agrémentent, en dépit des pertes irréparables d'arbres centenaires lors de la tempête de la fin de l'année 1999. Un programme complet de refonte des massifs floraux situés dans les parties latérales a été mené depuis 2003.

À l'origine, sous Louis XV, il est un terrain de manœuvres pour les élèves de l'École militaire, dont Napoléon, puis sert d'hippodrome avant la construction de celui de Longchamp, en 1857 ; il accueille enfin d'immenses manifestations, telles que les fêtes révolutionnaires et les expositions universelles.

À l'heure actuelle, il est un lieu de rassemblement populaire lors de fêtes et de concerts qui s'y déroulent régulièrement, au grand dam des riverains fortunés, qui en subissent les nombreux désagréments.

À son extrémité, à quelques mètres du fronton principal de l'École militaire, qui abrite encore l'école supérieure de guerre (Mars est le dieu de la guerre !), signe des temps ou curieux pied de nez, se dresse le **« Mur pour la Paix »**, conçu par l'artiste Clara Halter et mis en espace par l'architecte Jean-Michel Wilmotte. Il est constitué d'une charpente métallique habillée de bois, d'Inox et de verre, entourée de 32 colonnes en acier inoxydable. Le mot « paix » y est inscrit en 32 langues au moyen de 14 alphabets, certainement autant de fois que le mot « love », inscrit par les touristes sur les balcons de la tour… À l'instar du mur des Lamentations de Jérusalem, les visiteurs peuvent laisser un message de paix dans les fentes prévues à cet effet ou l'envoyer par Internet en l'écrivant directement sur les écrans tactiles placés sur les côtés du mur. Inauguré le 30 mars 2000 dans le cadre des célébrations du millénaire, il a déjà recueilli plus de quatre millions de messages !

« Des hiéroglyphes aux mails, l'écriture demeure aujourd'hui le support essentiel de la civilisation humaine. L'avenir dira si demain, avec les technologies en gestation, le mot paix et la mémoire se déclineront encore suivant les deux vecteurs que j'ai choisis : écriture et Internet », déclare Clara Halter.

La ville ne lui ayant pas trouvé de nouvel emplacement, il fait maintenant partie intégrante du Champ-de-Mars, et provoque des réactions contrastées. Il est plus connu et apprécié des touristes que des Parisiens.

La Tour Eiffel se trouve à équidistance de deux sites
qui symbolisent des idées supposées être universelles :
**la Paix, la Défense des Droits de l'Homme
et la lutte contre la pauvreté.**

L'École militaire, qui date de 1773, est l'œuvre de l'architecte Gabriel, tout comme la place de la Concorde. D'une sobre et classique élégance, sa façade est surmontée d'un dôme central quadrangulaire qui, vu par l'arrière, est parfaitement centré sur la Tour Eiffel. Il s'agit encore aujourd'hui d'un haut lieu de la tradition équestre de l'armée française.

Le cheval,
le meilleur ami
de la Dame
de Fer...

De part et d'autre de la Dame de Fer, à quelques encablures de ses pieds, un amalgame de constructions, haussmanniennes ou modernes, habitations bourgeoises se mêlant à des ambassades et bientôt au dernier musée parisien encore en chantier, quai Branly. Ce musée, voué aux Arts premiers, chers au président Jacques Chirac, est l'œuvre du célèbre architecte Jean Nouvel, auquel on doit également l'Institut du monde arabe, à l'extrémité orientale de la Seine. Chacune de ces réalisations comprend une façade innovante :

• une façade végétale, la première du genre à Paris conçue et réalisée par Patrick Blanc. Sur 800 mètres carrés, la surface du bâtiment est recouverte de mousse dans laquelle poussent 1 500 plantes de 150 espèces différentes en provenance du monde entier ;
• une façade en verre munie de 30 000 diaphragmes qui se ferment ou s'ouvrent grâce à un système de commande électronique.

Si nous poursuivons notre promenade au fil de l'eau, plus à l'ouest de la tour, grande Dame de la Communication, comme nous le verrons plus loin, se sont installés en bord de Seine nombre de sièges de grands médias audiovisuels, à commencer par la célèbre maison de l'ORTF, aujourd'hui maison de Radio France, puis l'immeuble de Canal+, de France Télévision et enfin de TF1.

La maison de Radio France abrite un musée consacré à l'histoire de la radio et de la télévision dans lequel sont rassemblés de nombreux objets en rapport avec le rôle joué par la tour.

Présents également, rive gauche, deux quartiers aux concepts opposés : les hauts immeubles du **front de Seine,** conçus dans les années soixante, ne possèdent, à mon sens, que peu de charme pour ses habitants et brutalisent, par leur hauteur, les rives du fleuve ; le nouveau quartier, autour du **parc André-Citroën,** qui remplace les anciennes usines d'automobiles, est, convenons-en, beaucoup plus harmonieux et agréable. Accostons un instant dans ce parc aux lignes géométriques, où l'on peut, depuis l'an 2000, prendre un peu d'altitude, et, à bord d'un ballon captif, contempler Paris et sa vigie surgissant derrière les barres verticales inélégantes de cette partie du XVe arrondissement.

Par une fin d'après-midi ensoleillé, votre regard à 150 mètres d'altitude pourra même porter jusqu'au Sacré-Cœur, en arrière-plan de la tour.

Vous aurez également une vue plongeante sur les ponts métalliques qui nous ramènent vers elle : le pont Mirabeau, la passerelle ferroviaire, le pont de Bir-Hakeim et l'île aux Cygnes. Le pont de Bir-Hakeim, d'une structure esthétique et rationnelle associant fonte et maçonnerie, a la particularité de faire traverser la Seine aux piétons, aux automobiles et aux rames de métro. Il prend appui sur la pointe amont de l'île aux Cygnes, lieu de promenades romantiques au milieu du fleuve.

Côté est, faisant face à la grande dame, la statue de la France, œuvre de Wederlink offerte par la colonie danoise de Paris en 1930.

Ce large périple en boucle pédestre que nous venons d'effectuer, sans jamais abandonner du regard cette compagne omniprésente, nous ramène à ses pieds car il est grand temps, à présent, d'y pénétrer et de s'en pénétrer, de la découvrir dans son intimité, de ses arbalétriers à son antenne sommitale, de ses plates-formes à ses escaliers, de la gravir à pied ou en ascenseur, de visiter la salle des machineries ou le pavillon Gustave Ferrié.

Grâce à la Société Nouvelle d'exploitation de la Tour Eiffel (SNTE), le monument est aujourd'hui un véritable musée dédié à la petite et à la grande histoire de cette géante, dont elle a la charge depuis vingt-cinq ans. Deux bonnes heures sont nécessaires pour découvrir les nombreuses vitrines animées évoquant l'histoire de la construction de la tour au deuxième étage ou des expositions en plein air au premier niveau. Au « cineiffel » situé dans le pavillon Férrié l'on pourra admirer des animations visuelles retraçant les grandes heures de l'histoire du monument. La visite pourra se terminer, pourquoi pas, au restaurant Altitude 95 qui offre une belle vue sur le Trocadéro.

La tour n'est pas seulement un point d'observation panoramique,
c'est aussi un lieu de connaissance et de culture pour petits et grands.

Monter ou gravir un sommet naturel ou artificiel représente pour l'homme une élévation physique, mais aussi, plus inconsciemment, une élévation spirituelle qui nous rapproche du monde des disparus… ou des étoiles inaccessibles.

Visiter la tour et approcher le ciel et les étoiles se mérite surtout pendant les grandes marées touristiques ! De 3 000 visiteurs au premier niveau, seuls 300 peuvent contempler Paris de sa dernière plate-forme.

Visiter la tour, c'est comme pénétrer dans le plan d'architecte d'une maison, s'y engager par la cave et ressortir par le haut de la cheminée ! De la pénombre de la salle des machines à la lumière du promenoir zénithal, tout se visite.

Par les escaliers ou par les ascenseurs, ce parcours initiatique vous fait découvrir toutes les subtilités de l'ossature métallique : les cornières, les entretoises, les laçages, les rivets et autres poutres. C'est sans cesse découvrir des pans entiers de la capitale ou y entr'apercevoir des parcelles au travers de la structure. Certains la visitent avec un œil d'ingénieur ou d'architecte, d'autres avec le regard du photographe en quête d'ombres et de lumières, ou d'autres encore, l'immense majorité, avec les yeux de touristes ébahis par ce spectacle envoûtant. Quant aux enfants, selon leur âge, ils cumulent souvent ces trois regards et repartent la tête emplie de rêves, parés d'une miniature de la tour qu'ils arborent comme un talisman.

La visite nocturne ajoute encore à la majesté des lieux, le mieux pour ceux qui ne peuvent pas cumuler deux visites étant d'y monter en fin de journée afin de bénéficier de l'éclairage diurne et nocturne et par beau temps… C'est alors le spectacle grandiose de Paris qui s'illumine progressivement ; des visions disparaissent et d'autres apparaissent, les repères changent, les reliefs se modifient au gré des incessants jeux d'ombres et de lumières.

Les regards, eux aussi, tantôt s'évadent vers un horizon inconnu tantôt se focalisent sur des lieux familiers. Les pensées terriennes laissent la place à l'imaginaire qui sommeille en chacun de nous.

276 mètres

115 mètres

57 mètres

Trois cents mètres sous le phare

Au gré des heures et de l'ensoleillement, la tour projette, tel un cadran solaire, son ombre protectrice sur la ville et révèle sa structure intime dans un infini jeu d'ombres et de lumières. Du haut de ses « mille pieds », en vue plongeante, elle nous dévoile « ses piliers cardinaux » et sa silhouette subtile, mélange de droites parfaites et de courbes discrètes.

PILIER
OUEST

PILIER
SUD

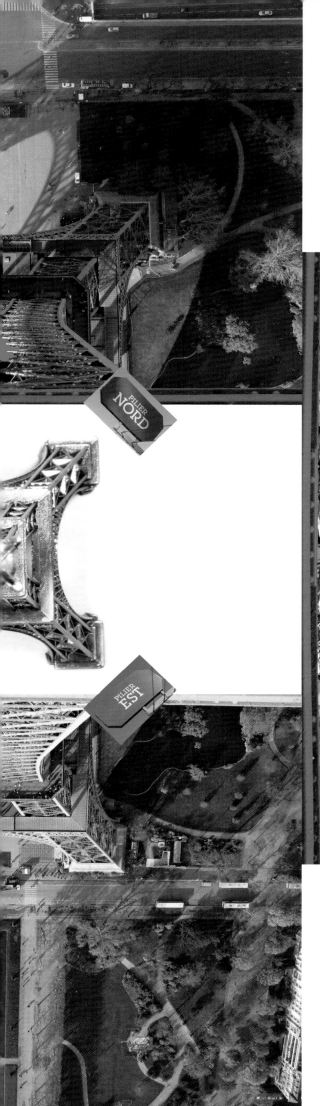

PILIER
NORD

PILIER
EST

PILIER
OUEST

PILIER
SUD

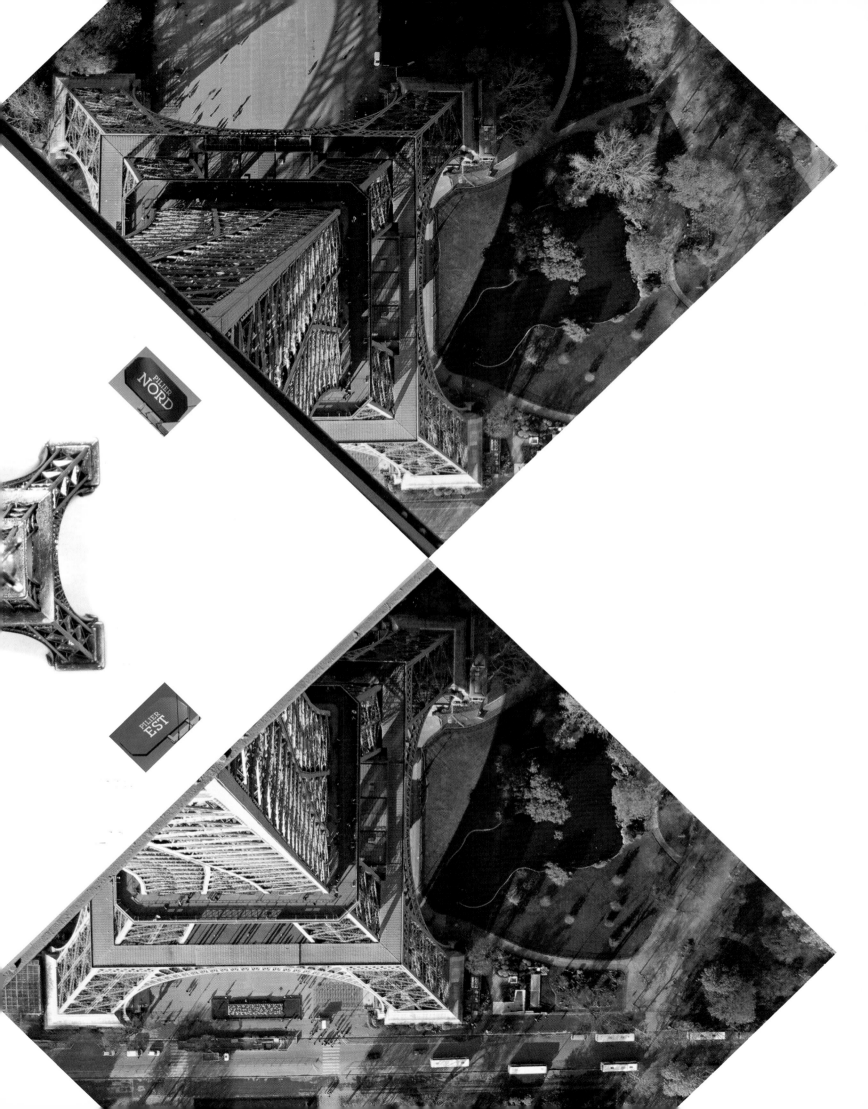

PILIER
NORD

PILIER
EST

Paris depuis la Tour

La Tour vous offre des visions sans cesse changeantes de la cité encore endormie ou affairée, de son fleuve l'irriguant de sa sève, de ses ponts de pierre ou de fer, de ses artères arborées, de ses monuments toilettés et de ses immeubles aux styles si différents.

21 mars 7 h 36

22 octobre 17 h 20

22 octobre 11 h 30

27 mai 22 h 20

Paris ville lumière et lumière de Paris

La Tour Eiffel, c'est un mariage incessant du fer, du feu et de la lumière maintes fois célébré depuis sa naissance dans le ciel de Paris, et qui connut son apothéose dans la nuit unique et féerique de l'an 2000 !

« L'Art de La lumière est un Art nouveau fait de mille nuances et de chaudes symphonies. Il est à l'œil ce que la Musique est à l'oreille et nul ne peut prédire tous les développements qu'il pourra prendre. »

Louis de Broglie

D'emblée, la tour fut mise en lumière de manière **festive, décorative, publicitaire ou utilitaire,** au gré des époques, des événements ou des célébrations. Cette grande dame possède donc une « véritable collection de robes du soir et de parures hautes en lumière, ainsi que de premiers rôles », que de véritables « stylistes des lux », aidés par les progrès techniques, ont créés spécifiquement pour elle depuis plus d'un siècle, rehaussant et valorisant, s'il en était besoin, le gigantisme et la légèreté de sa structure, l'équilibre et la pureté de ses lignes.

Un siècle d'éclairages et d'illuminations (1888-1985)

Avant même son achèvement, dès le 14 juillet 1888, la Tour Eiffel fut le théâtre d'un premier feu d'artifice qui fut tiré du deuxième étage, à l'initiative de Gustave Eiffel lui-même.

Dès sa naissance, la tour est éclairée au moyen de 90 000 becs à gaz placés sous des globes opalins, et déjà, en son sommet, *un phare,* constitué de deux puissants projecteurs, balaie le ciel de la capitale de bleu, de blanc et de rouge.

La *fée électricité* fait alors son apparition en cette fin de XIXe siècle. Aussi, pour l'Exposition universelle de **1900,** la tour est parée de quelque 4 000 ampoules à incandescence qui soulignent ainsi ses contours, ses arêtes et ses arcs. De son dernier étage, quatre faisceaux de lumière éclairent des monuments parisiens, contribuant ainsi à la féerie de l'exposition.

En **1907,** la Tour Eiffel supporte une horloge géante grâce à des chiffres lumineux de 6 mètres de hauteur placés au deuxième étage.

En **1925,** par l'imagination de Fernando Jaccopozzi et avec le soutien financier d'André Citroën, la tour devient le plus grand tableau d'affichage publicitaire nocturne du monde. Cet artiste florentin, qui a déjà à son actif la mise en lumière des places de la Concorde et de Vendôme, arrive, par son projet, à séduire le grand industriel et à obtenir un budget de 500 000 francs, somme considérable pour l'époque.

F. Jaccopozzi engage des gabiers de la marine nationale et des pompiers de Paris afin d'équiper trois faces de la tour de dizaines de kilomètres de câbles et de centaines de planchettes en bois chargées de supporter les motifs lumineux et les 250 000 ampoules multicolores nécessaires à la concrétisation du projet.

Au soir du 4 juillet 1925, une mise en lumière dynamique transforme de multiples arabesques en signes du zodiaque, des grandes étoiles blanches en comètes dont les queues dorées, en s'allongeant, forment les lettres **CITROËN** entre les étages supérieurs, alors que les trois arêtes situées en-deçà du deuxième étage sont parées du double chevron, emblème de la célèbre marque d'automobiles.

Ce spectacle lumineux de neuf tableaux répartis sur trois faces de la tour et visible à 40 kilomètres à la ronde connut un succès immédiat, au point de perdurer, au gré des prolongations, jusqu'en 1936. Ce fut la première mais aussi la dernière fois que la tour servit de panneau publicitaire.

En **1933,** et ce malgré un coût annuel très important, André Citroën demanda à F. Jaccopozzi d'agrémenter la publicité géante d'une horloge, et c'est ainsi qu'un cadran de 15 mètres de diamètre fut inséré dans le « ë » du nom, donnant l'heure aux Parisiens, en remplacement du coup de canon qui indiquait midi.

En février 1934, un thermomètre géant de 525 pieds, dont les ampoules rouges matérialisent le mercure, est installé. L'ensemble s'éteint en 1936.

Mais il ne fallut pas plus d'une année pour que la magie de la lumière ne vienne à nouveau parer la grande dame de ses atours et de ses charmes enjôleurs.

Tous les jours à midi un coup de canon annonce l'heure aux habitants

Dès 1937, à l'occasion de l'Exposition internationale des arts et des techniques, **André Granet** (1881-1974), architecte et gendre de Gustave Eiffel, créa le plus grand chandelier du monde, suspendu sous le premier étage de la tour au moyen de 10 kilomètres de tubes fluorescents multicolores habillant les entrelacs de sa structure de mille reflets bleus, or et rouges.

Des projecteurs de marine pointent vers le ciel et des embrasements parcourent régulièrement les étages. La tour elle-même est illuminée, mais de façon insuffisante, dans sa portion haute, par 750 projecteurs.

Puis c'est un long tunnel noir, marqué par la Seconde Guerre mondiale, pendant laquelle la tour fut le support des signes de la propagande et de la puissance de l'occupant, jusqu'au 25 août 1944 au matin, date à laquelle les pompiers de Paris furent les premiers, à 10 heures, à parer le sommet de la tour du drapeau tricolore, en signe de reconquête de la capitale sur les forces d'occupation et alors que la bataille faisait encore rage dans d'autres quartiers de la ville.

60 ans plus tard...
25 août 2004.

C'est seulement en **1958** que des fosses sont creusées dans le Champ-de-Mars, afin qu'y soient installés et dissimulés 1 290 projecteurs qui vont éclairer, par leurs faisceaux ascendants, la sentinelle de Paris. Les progrès de la technique de l'époque en font un éclairage durable et nettement plus efficace que le précédent.

Enfin, signalons qu'en 1978 la Tour Eiffel se transforme en « sapin de Noël », avec ses 30 000 ampoules.

Éclairages et illuminations
de 1986 à 2005

Dès le début des années 1980, la Ville de Paris reprend le contrôle et la gestion de son monument emblématique par l'intermédiaire d'une société d'économie mixte, la SNTE (Société Nouvelle d'exploitation de la Tour Eiffel), et décide, après un audit complet de l'état et du fonctionnement du monument, d'engager un très vaste et très complet programme de restauration et de remise aux normes. Aucun secteur ne va y échapper. Le tout est clos par le changement radical de la mise en lumière de l'édifice, nouveau dispositif qui sera lancé en grande pompe et à grand renfort médiatique, le 31 décembre 1985, à minuit.

En effet, l'ancien éclairage, dont les coûts d'entretien et de consommation sont particulièrement élevés, de l'ordre de 2,3 millions de francs annuels, recèle un certain nombre d'inconvénients qui sont liés, en tout premier lieu, *à l'éloignement des sources lumineuses de leur cible.*

Cet éclairage donne au monument une image nocturne plate et figée. Il est trop souvent amoindri par les aléas climatiques tels que la pluie et le brouillard, que viennent aggraver les effets d'une pollution grandissante dans les années 1970-1980. Qui plus est, les visiteurs et les convives de la tour peuvent être éblouis par les faisceaux ascendants des projecteurs situés au sol.

Monsieur Bernard Rocher, président de la SNTE, compare avec justesse cette illumination à la peinture d'un grillage au pistolet, c'est-à-dire à un « véritable gaspillage ».

La SNTE décide donc, afin de pallier ces inconvénients, un changement de concept radical et fixe les objectifs suivants :

- restituer à la tour sa haute silhouette dans son environnement (Champ-de-Mars, palais de Chaillot et pont d'Iéna) ;
- la rendre plus lumineuse ;
- ne pas occasionner de gêne visuelle pour les visiteurs ;
- mettre en valeur les particularités des structures métalliques intérieures sans en surcharger le poids ;
- réduire la consommation énergétique et les coûts de maintenance.

Une seule hypothèse de travail pouvait répondre à ses exigences :

la tour devra désormais être éclairée
de l'intérieur même de sa structure.

L'étude préalable est alors confiée au cabinet Sechaud et Bossuyt, en collaboration avec l'architecte de la tour, Monsieur Dhotel.

Pierre Bideau est né en 1941. Ingénieur électronicien de formation, il travaille initialement dans le domaine du son pour la télévision. Il attrape le « virus de la lumière » chez Phillips en œuvrant à des spectacles « sons et lumière ». Il crée alors son entreprise à Tours et se spécialise dans les spectacles multimédias pour les châteaux de la Loire voisins : Azay-le-Rideau, Luçay, Chenonceau ou Langeais ; des musées régionaux : Historial de Tours (musée Grévin) ou le musée du Nucléaire à Chinon. Sa notoriété est croissante dans ce domaine en pleine extension lié aux progrès de la science et des techniques. Elle dépasse alors le cadre régional pour devenir **mondiale,** dès le premier janvier 1986, par la magie de la télévision qui véhicule aux quatre coins de la planète, souvent en direct, le lancement du nouvel éclairage. Depuis sa société a été en charge des mises en lumière de la ville de Caen et alentours, la baie de Biarritz.

On lui doit à Tours, sa ville d'élection, l'éclairage de la Cathédrale Saint-Gatien. Pour les Jeux olympiques d'Athènes, il a réalisé avec bonheur les nouveaux habits de lumière de la colline de l'Acropole et de son Parthénon, du temple d'Ephaïstos et de la colline de Lycabette.

Il a très souvent œuvré avec Phillips pour la qualité de ses matériels et de grands spécialistes des feux d'artifice. Il travaille et crée sans informatique si ce n'est ces dernières années uniquement pour visualiser en simulation un projet. Pierre Bideau, magicien de la lumière, peut être considéré comme un pionnier de « l'architecture lumière ». Il est décoré de l'ordre national du mérite et a reçu en 2005 le prix Alfred Monnier pour l'ensemble de son œuvre.

Il vient de prendre une retraite bien méritée et seule son humilité à la hauteur de son immense talent ne lui vaut pas une notoriété bien plus importante auprès du grand public ! 20 ans déjà qu'il a magnifié notre Reine de la Nuit et 5 ans depuis qu'il la fait scintiller avec dans l'intervalle le fameux compteur J - 1 000 avant l'AN 2000 !

De toute évidence il peut être qualifié d'« ECLAIRAGISTE UNIVERSEL ».

Un concours est lancé.

Le projet de Pierre Bideau est retenu à la fin de l'année 1984.

L'éclairage : « *Art nouveau de la Lumière, fils de la Science et de la Technique* », disait déjà, en 1946, Louis de Broglie.

Avant d'aborder quelques aspects techniques relatifs à ces réalisations, et afin de mieux en cerner les particularités et les exigences, donnons la parole à Pierre Bideau :

« *Avec la Tour Eiffel, tout est démesuré, on ne peut pas penser "petit". Elle est très exigeante à tout point de vue : gel, chaleur, vent, humidité, pollution, poussières, vibrations, champs magnétiques, bien sûr sa hauteur de plus de 300 mètres et le fait qu'elle comporte beaucoup plus de vides que de pleins... Il est beaucoup plus difficile de concevoir et de réaliser un projet, quel qu'en soit la nature, autour de la Tour Eiffel que de tout autre site ou monument... car étant UNIQUE en son genre, il n'y a pas d'antériorité ou d'expériences sur lesquelles s'appuyer... il s'agit toujours d'une création à l'état pur et non d'une adaptation de réalisations existantes. Toute erreur se paie comptant... C'est le monument le plus connu au monde, on ne peut pas se manquer car les répercussions négatives seraient énormes.* »

Un éclairage d'orfèvre

Le projet technique

Pour répondre au cahier des charges extrêmement exigeant de la SNTE, Monsieur Pierre Bideau et ses collaborateurs ont mené une étude préalable très poussée qui porte tout à la fois sur les différents maillons de la chaîne technique (choix des matériels, leur nombre, répartition et orientations…) et sur le triptyque « performance - économie-maintenance-fiabilité ».

Dans un premier temps, il s'est agi de sélectionner les sources lumineuses les plus adaptées parmi toutes celles qu'offrent les énormes progrès techniques.
En novembre 1984, des essais « grandeur nature » effectués sur l'un des piliers permettent de départager les deux types de lampes encore en lice :
   1. les lampes aux halogénures métalliques,
   2. les lampes au sodium haute pression.

Les secondes rallient les suffrages sans difficulté, car à la différence des premières, qui procurent un éclairage très gris, les lampes au sodium procurent une lumière plus dorée, sont d'une grande longévité (6 000 heures) et offrent un meilleur rapport puissance-consommation (130 lumens/watts). Pour des raisons de maintenance, une seule puissance est prévue par lampe, de 1 000 watts, sauf au sommet, qui est doté de lampes de 250 et 400 watts.

Une fois cette sélection arrêtée, toute l'attention est portée sur le choix du type de projecteur, qui est conditionné par des normes de résistance et de robustesse très élevées. Leur nombre, leur emplacement, leurs angulations, et les diaphragmes d'ouverture sont précisément calculés. Ce sont donc en tout 292 projecteurs de 12 kilogrammes chacun ayant un cône d'angle différent (au minimum 5° seulement) qui seront répartis dans le monument.

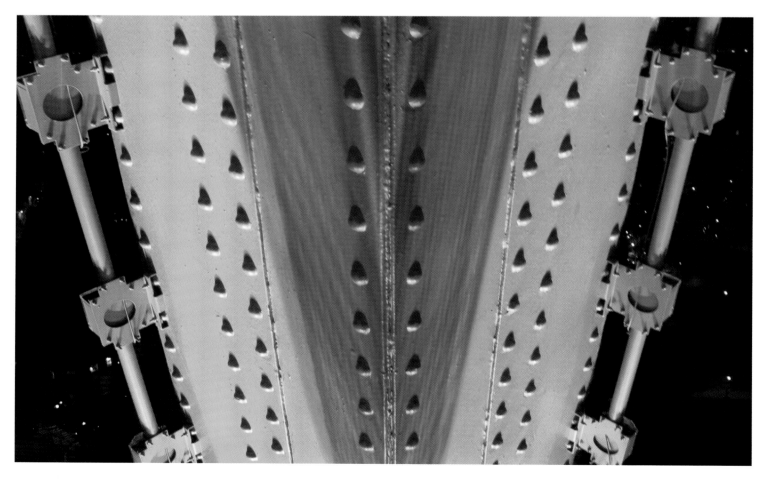

L'installation du matériel

C'est à un véritable travail d'acrobate que se sont livrées quelque 20 personnes pendant trois mois, entre septembre et novembre 1985, sans qu'à aucun moment les visites du monument aient été interrompues.

Compte tenu de l'exiguïté des lieux, par exemple l'étroitesse des poutrelles, le matériel a été presque entièrement acheminé à la main dans des conditions de sécurité optimales.

Les 292 projecteurs ont été réglés un à un à chaque niveau et sur chaque pilier, par des conditions climatiques souvent difficiles. Le « tir lumineux », particulièrement étroit, de 192 d'entre eux (5°) exige une précision parfaite de leur orientation, afin que la lumière projetée atteigne sa cible avec une intensité optimale. Rappelons que la tour comprend beaucoup plus de vides que de pleins. Outre les projecteurs, il a fallu installer des dizaines de kilomètres de câbles et des dizaines d'armoires électriques dans le plus grand respect de l'esthétique du monument. Cette installation engendrera une série de petits problèmes techniques qui seront résolus un à un.

Les derniers essais « grandeur nature » se déroulent en secret, au beau milieu de la nuit, en novembre 1985 ; seize projecteurs sont déplacés lors de ces réglages. Tout est donc prêt. Le compte à rebours qui mène aux douze coups de minuit du passage à l'année 1986 peut commencer.

LA TECHNIQUE : AU DOIGT ET À L'ŒIL

Un système de détection très poussé des défaillances de fonctionnement de tel ou tel élément du dispositif est spécialement conçu. Il centralise toutes les données en temps réel sur l'ordinateur de la gestion technique de la tour, qui est situé dans le pilier nord. Par exemple, chaque lampe est munie d'un contrôle de sécurité par relais de détection d'intensité optoélectrique, signalant tout dysfonctionnement. Chaque appareil est muni d'un interrupteur à clef.

La mise en route de l'illumination est commandée par un interrupteur crépusculaire qui déclenche le programme de l'ordinateur dès que l'éclairement extérieur est inférieur à 10 lux.

Le déroulement de ce programme s'effectue batterie par batterie, afin d'éviter les surintensités lors de l'amorçage des lampes, ce qui permet de prévenir une usure accélérée.

Durant une trentaine de secondes, l'allumage se fait par niveau, pour chacune des faces de la tour ; huit minutes sont donc nécessaires pour que les lampes à vapeur de sodium haute pression atteignent leur puissance maximale.

31 décembre 1985... la renaissance de la fée illuminée

La SNTE organise le lancement du nouvel éclairage en grande pompe médiatique. Trois films réalisés à l'avance lors des derniers essais sont repris par 47 chaînes de télévision internationales alors qu'une dizaine d'autres retransmettent l'événement en direct. La mise sous tension démarre quelques minutes avant minuit, afin d'atteindre sa pleine puissance à l'heure H. Un feu d'artifice et des faisceaux laser pointés vers notre « vedette » accompagnent cet allumage.

Le pari de Paris est gagné
non seulement sur le plan esthétique mais aussi sur le plan technique.

Et l'on peut dire, sans se tromper, que cette vieille Dame presque centenaire entame, en cette nuit du 1er janvier 1986, dans sa nouvelle robe du soir dorée, la plus belle de ses revues, à la manière des plus célèbres danseuses de cabarets parisiens !

Elle ne se contente plus de contempler de sa hauteur la ville à ses pieds, elle se fait admirer de loin et sert, par sa gigantesque stature, de « phare » à toute la ville… Sur le plan esthétique, la magie de cette illumination fascine d'emblée et fait entrer la Tour Eiffel dans une nouvelle page de son histoire… Les superlatifs pleuvent pour traduire au mieux la réussite majestueuse de ce nouvel habillage nocturne. Elle se métamorphose en « véritable lingot d'or », « joyau nocturne » ou encore « superbe bijou ciselé ».

Sur le plan technique, les distances de projection passent de 300 mètres à un maximum de 50 mètres. La puissance d'éclairage de chaque lampe est multipliée par sept, avec une durée de vie quadruplée. Enfin, la consommation globale diminue de moitié, passant de 660 kW à 350 kW. Le coût total de l'installation est de 600 000 euros (4 millions de francs), lesquels sont pris en charge par la SNTE, et celui de l'exploitation annuelle de 90 000 euros (600 000 francs). En résumé, quatre fois moins de frais pour quatre fois plus de lumière… et quelle lumière !

Rapidement, se profile le « centenaire de la Vieille Dame », le **31 mars 1989.** La face nord se pare d'une inscription lumineuse géante, « 100 ans », entre le deuxième et le troisième étage. Alors que la France se prépare aux célébrations du bicentenaire de la Révolution française, en procédant à la restauration et au toilettage de nombreux sites historiques, la Mairie de Paris organise, le 21 juin 1989, un superbe spectacle pyromusical, avec comme décors la Tour et son vis-à-vis, le palais de Chaillot. Effets pyrotechniques, projections d'images, rayons laser, somptueuse symphonie de lumières multicolores font danser la Tour au fil des tableaux sonores qui restituent les grandes dates de l'histoire de la vie parisienne de notre « dame de compagnie ».

À peine les célébrations du bicentenaire et du centenaire sont-elles terminées
que se profile, pour la planète entière, un moment unique :
le passage à l'an 2000, puis vers le IIIᵉ millénaire.
La Tour Eiffel, monument le plus connu au monde, se doit d'être au cœur
de ces instants universels.

Si le compteur nous était conté...

La direction de la SNTE et son directeur général, Monsieur Maresquier, en sont convaincus et imaginent l'installation, sur la face, du côté du Trocadéro, d'un compteur géant, visible de loin, jour et nuit, destiné à égrener les jours, puis les heures et les minutes qui nous séparent de l'an 2000.

Des essais sont effectués sur ordinateur et le graphisme des caractères est choisi par l'architecte en charge de la tour, Monsieur Dhotel.

Monsieur Pierre Bideau est à nouveau chargé de piloter ce projet. Avec l'aide d'une société d'informatique, il a fallu programmer l'ensemble de façon à obtenir une utilisation équilibrée du panneau de 33 mètres de large sur 12 mètres de haut, dans ses différentes versions, de J – 1 000 à J – 4 heures avant l'an 2000, par exemple. Chacun des 1 342 projecteurs est commandé individuellement par un ordinateur central, et l'intensité lumineuse est modulée en fonction du jour ou de la nuit. Afin de rallonger la durée de vie de ces équipements, ils sont sous-alimentés de 20 % le jour et de 60 % la nuit. Le remplacement des lampes utilisées pour le J et le signe – qui perdureront du début à la fin, soit 24 000 heures, est cependant prévu !

L'ensemble du dispositif pèse quelque 50 tonnes, câbles et structure compris, et est installé au deuxième étage, à 100 mètres du sol.

La mise en route du compteur est effectuée par le maire de Paris, Jean Tiberi, le **samedi 5 avril 1997,** à minuit, depuis le parvis des Droits de l'Homme et constitue le premier message fort du passage au futur millénaire, émis de Paris vers le monde entier.

J – 1 000 AVANT L'AN 2000 brille dans la première nuit froide et ventée puis, comme par miracle, sous un soleil printanier, radieux et chaud, le lendemain dimanche. Les Parisiens, alertés par les médias, en font leur lieu de promenade dominicale, tandis que les touristes, très nombreux, ne réalisent pas encore quelle est la signification de cette inscription.

Ainsi, la Tour Eiffel va nous accompagner quotidiennement, nuit et jour, vers notre avenir commun. Assister au changement du décompte à minuit pile devient une attraction qui attire autochtones et étrangers. Une photo avec le compteur en arrière-plan est un « must » pour marquer certaines dates importantes : victoire de la France à la Coupe du monde de football le 12 juillet 1998, éclipse totale du soleil le 11 août 1999, mariages ou anniversaires, etc. Les changements des centaines sont très prisés et la pression monte tout particulièrement dans la dernière ligne droite.

DE J-100 AU

3e MILLENAIRE

L'ensemble des installations techniques de la Tour Eiffel résiste à la tempête du siècle, le 26 décembre 1999, soit à *J – 6* (le vent a été enregistré au sommet à 175 km/h), alors qu'alentour nombre de monuments et d'édifices parisiens ont été affectés.

Monsieur Bideau, bloqué en province, sans téléphone, privé de toute information en provenance de Paris pendant 24 heures, s'angoisse…

En route pour l'an 2000 !

Au fur et à mesure que s'approchent le jour J et l'heure H, français de tout l'Hexagone et touristes étrangers affluent, en rangs serrés, vers ce qui est déjà perçu comme le véritable « épicentre des festivités du passage à l'an 2000 ». Ils immortalisent, à travers leurs objectifs photos et leur vidéo, ces derniers instants du XXe siècle. La Tour est en représentation et le compteur sert d'*« horodateur universel »* !

Quelques informations filtrent au compte-gouttes au sujet du spectacle pyrotechnique destiné à ponctuer le top de l'an 2000.

Des hordes de touristes déambulent, slalomant entre les innombrables barrières, du parvis des droits de l'homme vers les pieds de la tour, sans compter les bouchons formés sur le pont d'Iéna par les automobilistes qui font une halte photo.

Le dernier décompte de J – 1 à J – 24 heures soulève de grandes clameurs joyeuses au sein de la foule des touristes rassemblés aux pieds de la tour. L'excitation est palpable et cependant, à cet instant, personne ne peut imaginer l'émotion qui l'étreindra le lendemain, par l'effet combiné de la magie du spectacle proposé et de l'unicité de l'instant.

Le samedi 31 décembre 1999 est une journée particulière. La Seine est en crue et les célèbres bateaux-mouches sont condamnés à rester à quai, au grand dam de ceux qui avaient réservé leur place pour la croisière du passage à l'an 2000 plusieurs mois ou plusieurs années à l'avance !

À J – 12 heures, la Tour Eiffel émerge à grand-peine de l'épais manteau de nuages qui l'enrobe alors qu'un crachin glacial empêche une bonne visibilité. La météo, incertaine pour le soir, nourrit l'inquiétude des concepteurs du spectacle pyrotechnique, des futurs spectateurs, et des innombrables médias installés pour rendre compte de l'événement à travers le monde.

J – 12 h... J – 6 h... 6 HEURES DE BOGUE PUIS...

Brèves de compteur :
de J − 1000 à l'AN 2000

**D'un bogue
à l'autre....**

L'électronique a ses mystères que
la raison ne connaît pas ! Tel un sportif
prêt à bondir en quête d'un record le compteur a commencé par un faux départ... pour se blo-
quer en vue de la ligne d'arrivée !
« 946 » fut la première inscription soit 54 jours franchis en
une seconde à la vitesse de la lumière puis, dans la nuit noire et
en lettres d'or, apparut le fameux « J‑1000 AVANT L'AN 2000 »... devant
un parterre de journalistes et une poignée de Parisiens transis miraculeusement
informés de ce lancement.

Au fil des jours et des nuits, ce décompte s'est imposé aux Franciliens et aux touristes,
chronomètre géant du temps qui s'écoulait inexorablement.
Il égrena les jours et les centaines sans faille et même la fameuse tempête du siècle ne
l'affecta point. Mais allez savoir, peut-être pris d'un indicible trac sous les regards conver-
gents des spectateurs et des caméras du monde entier ou perturbé par les sombres pré-
visions de Nostradamus, il s'évanouit en vue de la ligne d'arrivée mythique ! La déception
fut estompée par la féerie du spectacle proposé, les éclats du scintillement naissant et la
puissance du phare ressuscité.

Fort heureusement, les bons « docteurs micro » nous le réanimèrent et l'inscription AN
2000 put nous accompagner pour s'éteindre inexorablement à J + 366 minuit.
Après avoir changé de siècle, nous changions de millénaire !

Mais cela ne semble en rien perturber ceux, les plus prévoyants, qui, déjà, s'installent avec vivres, matériel photo ou vidéo, jeux de cartes et couvertures, afin d'être aux premières loges, place de Varsovie.

Chaque passage horaire rassemble plus de monde, quand brusquement une clameur parcourt la foule des badauds... Le compteur est muet, plus aucune ampoule ne fonctionne peu après J – 6 heures ! Le suspense est total. Le compteur va-t-il se remettre à nouveau en action d'ici les douze coups de minuit ?

Vers 22 heures, alors que les télévisions montrent les célébrations des grandes capitales dont les fuseaux horaires nous précèdent, la rumeur, puis la confirmation que le compteur ne fonctionnera plus atteignent la foule... Déception, incrédulité et incompréhension. Tout avait si bien fonctionné depuis 1 000 jours !
Les chaînes de télévision qui relaient les images de Paris compensent ce vide par un « compteur en incrustation » qui égrène heures et minutes. Les téléspectateurs, pour la plupart, ne se rendront compte de rien, en France comme à travers le monde ! Les plus pénalisés, finalement, sont ceux qui ont envahi les abords de la tour, agglutinés dans le froid, mais heureusement réchauffés par une atmosphère collective de plus en plus chaleureuse.
Les rames de métro et de RER déversent à cadence régulière des flots compacts de fêtards qui, au fur et à mesure, seront empêchés d'approcher le site du spectacle. Ce sont environ un million et demi de personnes qui encercleront la Tour Eiffel, rive droite et rive gauche, sur les ponts, sur les balcons, et tout ce que Paris et ses environs comptent de points d'observation.

Tout à coup, la tour s'éteint !

Un crépitement trépident et intense s'amorce, la foule hurle son excitation, les bouchons de champagne commencent à sauter, les amoureux s'étreignent persuadés que minuit a sonné, il n'est en réalité que 23 h 57... 58...

La Tour Eiffel se mue, par la magie du rythme des sons des tirs de fusées et d'un scintillement alternatif, en un gigantesque cœur palpitant, avant de donner la sensation de pouvoir décoller telle une fusée spatiale. Elle donne l'impression d'être en lévitation. Puis c'est l'embrasement général en un blanc pur avec, en arrière-plan, du côté du Champ-de-Mars, d'immenses salves multicolores qui enflamment le ciel de Paris.

Nous avons tous basculé dans l'an 2000... sublimés par le spectacle !

6 minutes de magie
et près de 600 nuits étoilées...

Six minutes de magie, visuelle et sonore, électrisent littéralement la foule. Chacun se sent pénétré d'une onde et d'une vibration à l'intensité croissante au fil des minutes, lesquelles sembleront, tout à la fois, fugaces et éternelles.

Alors que les dernières fumeroles s'estompent, la **diva de l'an 2000** réapparaît, tel un bijou doré serti d'une myriade de diamants créé par l'effet magique du scintillement. La beauté éclatante à l'état pur !

Un nouveau phare balaie le ciel parisien d'un double faisceau blanc, comme pour indiquer au monde entier l'universalité de la Ville lumière.

En dépit d'un compteur toujours muet, l'an 2000 tant attendu est là, et le bogue n'empêche pas le spectacle conçu par P. Bideau, Y. Pépin et C. Berthonneau (groupe F et ECA2) d'être hissé en première position au hit-parade des festivités mondiales. Notre illustre centenaire accède au rang de **« superstar de la soirée du millenium »** !

La foule se disperse lentement pour s'égayer dans Paris (les célèbres Champs-Élysées sont le deuxième théâtre des festivités), mais nombreux sont ceux qui restent sur place un moment, comme tétanisés par l'émotion qu'ont dégagé ces quelques minutes, le regard littéralement aimanté par la splendeur de cette nouvelle parure tout à la fois statique et dynamique.

Vers 0 h 40, le compteur s'illumine à nouveau, pour afficher, en caractères géants, « AN 2000 ». Il perdurera pendant 366 jours, jusqu'au 31 décembre 2000 à minuit qui marque notre entrée dans le IIIe millénaire.

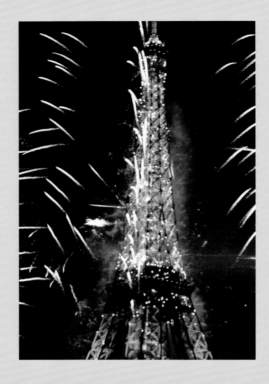

Les coulisses de l'exploit

Dès le printemps 1997, la Mairie de Paris et le gouvernement font un appel à projet pour marquer le passage à l'an 2000 à Paris. Mais le coût de ces projets reste trop élevé et n'inclut aucun financement privé.

Fin 1998, la SNTE engage une étude de faisabilité concernant un projet de scintillement proposé par Pierre Bideau deux années auparavant et reste sans suite.

Au printemps 1999, la SNTE le fait avaliser par son actionnaire principal, la Ville de Paris. Les dés sont jetés et, grâce à la force de conviction de Pierre Bideau, l'idée d'adjoindre au scintillement un spectacle pyrotechnique est également adoptée. Il ne reste plus beaucoup de temps...

Beaucoup de sociétés spécialisées reculent face à un tel défi. Finalement, la société Groupe F et son directeur artistique, C. Berthonneau, ainsi que « ECA2 » et son producteur-créateur, Yves Pépin, mettront en commun leurs compétences respectives.

Une ligne directrice est définie par l'ensemble des protagonistes : *contenir l'ensemble du spectacle dans un laps de temps court afin que les médias le retransmettent dans son intégralité, et non en mode « zapping » avec les festivités d'autres capitales.* L'avis d'un réalisateur réputé de la télévision est d'ailleurs sollicité qui influe sur la conception du projet.

« Plus court, plus dense, plus beau », telle aurait pu être leur devise. Unité de lieu et de temps, telle fut la clé de cette réussite universellement saluée.

« Art primitif, le feu d'artifice n'impose rien, il suggère. Art populaire au sens large, il emporte l'unanimité du public. Art éphémère sans doute pour qu'on le sollicite plus souvent, le feu d'artifice recule les frontières du possible jusqu'à l'infini, jusqu'au rêve. »

Fêtes et Feux

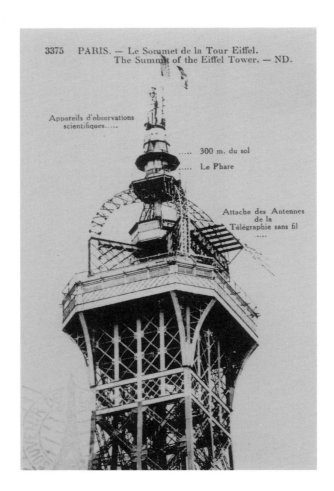

3375 PARIS. — Le Sommet de la Tour Eiffel.
The Summit of the Eiffel Tower. — ND.

Appareils d'observations
scientifiques.....

..... 300 m. du sol

..... Le Phare

Attache des Antennes
de la
Télégraphie sans fil
....

Histoire et renaissance du phare

Dès son achèvement, en 1889, la tour de 300 mètres dispose d'un phare, alors composé de deux projecteurs de la marine anglaise qui sont montés sur un rail, au niveau du campanile situé au-dessus des deux arches en treillis ; visibles à 10 kilomètres, ils produisent des lumières tricolores bleu-blanc-rouge toutes les 90 secondes.

En 1952, ce phare sera remplacé par deux nouveaux phares d'une portée bien supérieure qui émettent deux rayons, de façon à permettre aux pilotes d'avion de ne perdre à aucun moment le contact visuel. Du sol, les deux rayons apparaissent distincts, mais des airs, uniques. La Tour Eiffel est donc un véritable repère aérien, comme les phares maritimes le sont en mer pour les bateaux.

Ce système perdure jusqu'en 1974, quand il tombe en panne.

La Direction générale de l'aviation civile, chargée du système, décide alors de ne pas procéder à la rénovation de l'installation. Devenu un repère de navigation parfaitement obsolète et inutile, les avions étant équipés de systèmes de navigation aux instruments, **le phare disparaît de la nuit parisienne jusqu'à la fin du XXe siècle.** Mais Pierre Bideau, persuadé qu'il est nécessaire d'adjoindre au scintillement qui provoquera un effet de proximité, un deuxième élément lumineux, visible de beaucoup plus loin, convaincra la SNTE de faire une étude préalable de phare sommital.

« Le scintillement, c'est un éclairage festif, c'est un appel vers tous les Parisiens, vers les artistes qui passent. [...] C'est un feu d'artifice à chaque heure. Quant au phare, c'est vraiment le geste historique, la réhabilitation de ce qui existait auparavant », confie-t-il.

Aussi, dans le plus grand secret, sont effectués les essais nocturnes de différents projets. Finalement, l'idée de faire renaître le phare de Gustave Eiffel de ses cendres emporte l'adhésion de tous.

Au début de l'été 1999, la société SKY LIGHT remporte l'appel d'offres et le projet de J. M. Leriche est retenu.

De même que pour toutes les réalisations lumineuses que nous venons d'évoquer, Pierre Bideau et la société SKY LIGHT ont dû innover et inventer afin de répondre aux exigences spécifiques de la Tour Eiffel.
Contrairement aux phares côtiers, le système optique ne peut être installé sur un lieu où il pourrait tourner à 360 degrés, en raison des très nombreuses installations techniques qui hérissent son sommet (antennes, radars, etc.).

Pour résoudre la question de la permanence d'un faisceau lumineux balayant le ciel de Paris, le phare est en réalité composé de **quatre projecteurs motorisés,** un par face, qui éclairent chacun 90° au cours d'une rotation complète de deux tours par minute.

« Ce mouvement perpétuel a été choisi pour la simplicité et l'efficacité de sa synchronisation », précise Pierre Bideau.

La lampe de chaque projecteur est allumée en continu, mais un volet « coupe-flux » occulte la lumière émise dès le quart de tour atteint ; la rotation du projecteur est accélérée, afin que ce dernier soit ramené au plus vite vers sa position de départ, où il reste en attente jusqu'à sa prochaine révolution.

Les quatre projecteurs se relaient avec une précision extrême grâce à un logiciel informatique et à un automate programmable spécialement mis au point en vue de gérer l'ensemble, ce qui permet ainsi de donner un double faisceau diamétralement opposé et tournant à 360° ! Deux couples fonctionnent en permanence, dos à dos.

Les informations fonctionnent en aller-retour via un signal informatique transmis par fibre optique, ce qui évite ainsi les interférences du champ électromagnétique, qui est très puissant dans cette zone sommitale. Le modèle de projecteur est de « type marine », de fabrication anglaise.

Il mesure près de 1 mètre de long pour 75 centimètres de diamètre et pèse sans son socle 130 kilogrammes ; la lampe Xénon est d'une puissance de 6 000 watts, d'une durée de vie de 1 200 heures, et un réflecteur sphérique spécialement conçu en augmente la performance de 20 %.

Le tout repose sur un ensemble « berceau-socle » de 120 kilogrammes qui assure une rotation à 360° parfaite et une horizontalité rigoureuse indispensable.

L'ensemble est monté sur des pieds antivibratoires, car, sur la tour, royaume des ondes mécaniques et des vibrations, tout se dévisse en permanence !

Tout a été prévu afin de pallier les extrêmes climatiques à 300 mètres du sol : un rack de commande électronique gère le chauffage ou la ventilation de chaque projecteur grâce à la présence d'un thermostat.

Les parties qui abritent les composants sensibles sont particulièrement isolées par des boucliers thermiques utilisés dans l'aviation pour résister à des écarts de température allant de − 25° à + 40 °C.

Lors de l'installation, les éléments, prémontés en atelier, sont acheminés pièce par pièce, dans une ambiance Tintin au Tibet ! Ils sont montés au dernier étage et sont testés dans le plus grand secret à 3 heures du matin ! Ils résisteront sans casse à la formidable tempête du 26 décembre, test imprévu grandeur nature !
La maintenance est assurée par le service technique de la tour et deux visites approfondies sont effectuées chaque année par SKY LIGHT.
L'expertise de J. M. Leriche et de son équipe a permis de surmonter un tel défi technique et physique et la tour est redevenue « un phare universel » !

Un travail de très haute volée...

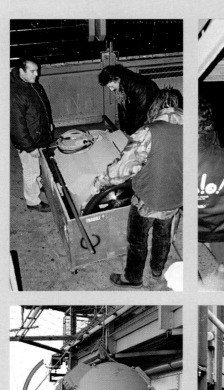

La Tour, Reine des nuits parisiennes

Magie nocturne générée par les innombrables lucioles et vers luisant créés par des réverbères alignés, les phares de voiture et autres enseignes publicitaires multicolores et qui font de ces panoramas de la ville lumière un véritable enchantement ! De la dernière plate-forme, le ciel est balayé à un rythme régulier par les faisceaux des 4 projecteurs qui lors des relais, durant une fraction de seconde, convergent vers l'horizon alors que vus de la ville ils apparaissent parallèles.

D'un scintillement à l'autre
ou de l'éphémère au durable 2000-2003

Sous la pression des Parisiens, orphelins depuis le 14 juillet 2001 de leur « scintillante et palpitante dame de compagnie », et à la demande des maires de Paris, Jean Tiberi, puis Bertrand Delanoë, la SNTE est amenée à prévoir un nouveau dispositif destiné à durer une décennie entière. Pierre Bideau est tout naturellement chargé de mettre au point le projet technique répondant à un cahier des charges draconien.

La SNTE investit 4,5 millions d'euros pour produire 10 millions de flashes pendant dix ans !
Tous les paramètres et les matériels techniques sont revus ou conçus pour durer à un coût moindre. L'esthétique de la nouvelle installation est validée par l'architecte des Bâtiments de France, soucieux de réduire la visibilité de l'installation.
D'une guirlande électrique munie de lampes à baïonnette, on passe à 20 000 lampes à éclat à double connecteur reliées par câble à des armoires électriques distantes.
Sept ingénieurs de la société AE&T ont notamment travaillé sur le choix des composants électroniques des condensateurs, maillons essentiels à la fiabilité des lampes. La mise au point de ce matériel a été bouclée en trois mois seulement, essais compris.

La résistance au vent, aux ultraviolets, à la chaleur, à l'humidité, à la moisissure, aux vibrations et aux chocs ont fait l'objet de recherches et de mises au point d'une grande précision.
L'installation fut beaucoup plus exigeante et complexe que celle de l'an 2000 : pas moins d'une centaine de pièces de serrurerie différentes et plusieurs types de connecteurs ont été utilisés selon l'emplacement des lampes alors que 40 kilomètres de câbles ont été tirés.
L'installation fort minutieuse de l'ensemble a été effectuée lors de la dernière campagne de peinture, dans des conditions météorologiques souvent hostiles, par trente alpinistes de la société Jarnias.

A 1 h du matin et à 2 h en été, la Tour éteint la lumière et enfile une dernière fois sa parure diamentée avant de prendre un repos bien mérité dans la nuit parisienne.

Cette technique photographique avec un long temps de pose de l'appareil de prise de vue est régulièrement utilisée par l'équipe technique en charge de l'entretien des flashs ce qui lui permet de repérer avec précision les ampoules défaillantes et ainsi de procéder à leur remplacement.

Une dorure rehaussée en 2004

Rénover, innover, économiser et durer sans changer, tel est l'objectif recherché en 2004.

« Les nets progrès des technologies, l'évolution positive des sources et des optiques, vont tous dans ce sens », nous dit Pierre Bideau.

C'est en toute discrétion que, à la fin du printemps, le 8 juin 2004, la deuxième mouture modifiée de l'éclairage existant est complètement installée. Le concept est le même et répond encore mieux aux exigences liées au coût d'entretien et de consommation annuel.

* *une baisse de la facture annuelle de 38 %*
* *une baisse des coûts de fonctionnement à 16 % du montant précédent*
* *une augmentation de 90 % du faisceau lumineux*
* *un taux maximal de mortalité des ampoules pour 16 000 heures de fonctionnement ramené à 8 %*
* *un rendement des lampes de 15 % supérieur pour une puissance de 40 % inférieure*
* *une durabilité des ampoules améliorée par leur fixité et le rapprochement de la source d'alimentation, à 30 centimètres au lieu de plusieurs mètres (ex-armoires électriques)*

Les lampes, plus petites, ne sont plus horizontales mais verticales. Ce détail aboutit à une réduction substantielle de la taille et du poids des 352 nouveaux projecteurs. De plus, les lampes peuvent être changées sans que l'orientation soit déréglée.

Un « cerclage » de la vitre du projecteur évite la pénétration de poussière, d'eau, ou de lumière parasite.

C'est la division éclairage de Phillips qui finalement adaptera, pour la toute première fois, des projecteurs prévus pour accueillir des lampes à iodures métalliques aux lampes à sodium haute pression.

Enfin, dans un souci de respect de l'environnement, celles-ci ne comprennent plus de mercure et ses composants sont recyclables en fin de vie.

L'économie durable fait son entrée à la Tour Eiffel.

Au moment même où Pierre Bideau prend une retraite bien méritée,
il nous laisse une femme à la robe d'or sertie de diamants,
une compagne étoilée, resplendissante et pétillante !

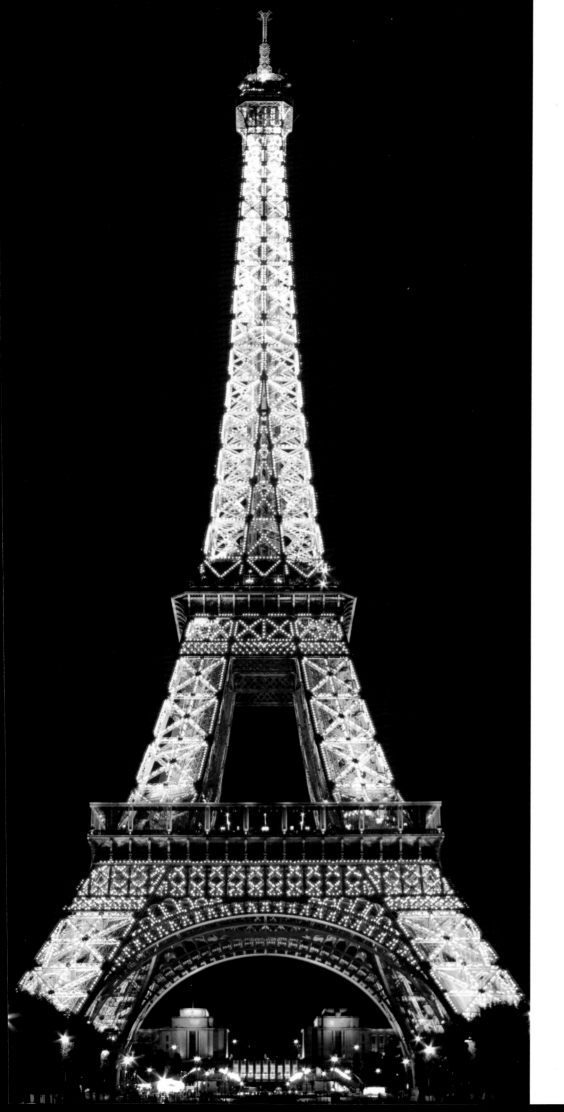

« *Édifice exceptionnel,
témoin de l'architecture
métallique de fin du
XIXe siècle, symbole de
la France dans le Monde,
cette réalisation a été
une œuvre difficile, mais
ô combien passionnante.* »
Pierre Bideau.

Une illustre voisine

Pour certains parisiens chanceux, elle se mue en dame de compagnie ou compagne de travail… Un petit coin de Tour Eiffel depuis votre salon ou votre bureau et le regard est déjà différent ! Que feraient-ils sans Elle ?
Quant à ceux qui peuvent en bénéficier admettraient-ils qu'on la démolisse comme il en était question il y a cent ans ? Non, à l'unanimité de ceux qui ont croisé mon chemin, ils s'y opposeraient avec véhémence !

"Les femmes soutiennent la moitié du ciel"

Proverbe chinois

Dans le cadre des années croisées France-Chine en 2003-2004-2005, Paris a célébré avec faste le Nouvel An chinois, le 24 janvier 2004.

Un somptueux défilé traditionnel de l'empire céleste a descendu la célèbre avenue des Champs-Elysées et la journée fut clôturée par l'illumination de la Tour Eiffel en rouge.

Cet éclairage réalisé par EDF à l'aide de puissants projecteurs répartis aux pieds du monument perdura 5 nuits.

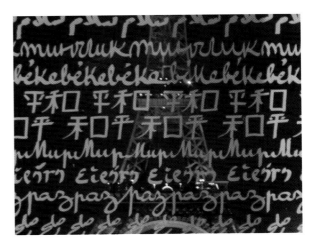

巴黎　上海

L'histoire de la Tour et la Tour dans l'histoire

Aucun autre monument célèbre dans le monde n'a porté, avant même son achèvement, le nom de son créateur !

La « tour de 300 mètres » et « Eiffel » ont fusionné à jamais. Cela semble une évidence lorsqu'on prend connaissance a posteriori de son immense rôle dans la genèse de cette tour et de sa place dans l'histoire universelle des hommes.

« Tout ce qu'un homme est capable d'imaginer, d'autres seront capables de le réaliser »

Jules Verne, alias Capitaine Nemo
Vingt Mille Lieues sous les mers

Gustave Eiffel, un génie visionnaire

En 1886, au moment où Gustave Eiffel remporte le concours ouvert par le ministre du Commerce et de l'Industrie, Édouard Lockroy, pour la construction d'une « tour de 300 mètres » censée être le clou de l'Exposition universelle de 1889, l'ingénieur et son entreprise sont déjà en haut de l'échelle de la renommée. Gustave Eiffel, alors âgé de 55 ans, dont la fortune et la réputation sont solidement établies, a en effet de nombreux ouvrages célèbres à son actif.

Né à Dijon, le 15 décembre 1832, il sort en 1855 des rangs de l'École centrale des arts et manufactures de Paris, son diplôme d'ingénieur « section chimie » en poche. Il est engagé un an plus tard par une relation de sa mère, Charles Nepveu, chef d'une entreprise spécialisée dans les constructions en terrain difficile, qui le charge de surveiller le chantier du pont de Bordeaux, au-dessus de la Garonne. À 26 ans, il y excelle et se distingue par un sens de l'organisation au-dessus de la moyenne. Après quelques années passées dans le Sud-Ouest pour d'autres chantiers, il crée sa propre entreprise et s'installe à Levallois-Perret, à l'âge de 32 ans, en tant que « constructeur ».

C'est alors le point de départ d'une fabuleuse ascension professionnelle qui, grâce à son savoir-faire et à ses aptitudes à le faire savoir, le mènera au sommet de « sa tour de 300 mètres » et à l'apogée de sa carrière quelque vingt-deux ans plus tard…

Quatre réalisations innovantes, outre la tour, le consacreront comme un « ingénieur phare » universellement reconnu : les ponts portatifs vendus en kit, la coupole mobile de l'observatoire de Nice, le viaduc de Garabit ainsi que la structure interne de la statue de la Liberté. Son entreprise se hissera dans les premiers rangs français, grâce à la précision mathématique dont elle fait preuve dans la fabrication puis dans l'assemblage des pièces, à laquelle s'ajoute une rigueur organisationnelle sans faille.

Gustave Eiffel, marqué par l'échec du canal de Panama, dont il est injustement tenu pour responsable, consacrera les trente dernières années de son existence à divers travaux de recherches en météorologie, en astronomie, en aérodynamisme, en radiotélégraphie ou en physique de la chute des corps. Sa tour devient son « laboratoire » avant qu'il ne déménage, rue Boileau, dans le XVIe arrondissement. Il s'est cependant aménagé un petit appartement sous la troisième plate-forme ! Il possède également un hôtel particulier dont les terrasses lui permettaient de suivre l'édification de la tour et qui est situé 5 place d'Iéna (immeuble racheté par le richissime Rafik Hariri, récemment assassiné).

Marié à Marie Gaudelet, avec laquelle il eut cinq enfants, il vit avec sa fille aînée, Claire, lorsqu'il meurt, à Paris, le 27 décembre 1923.

Le bureau de Gustave Eiffel reconstitué au 3e étage de la tour : Thomas Edison offre son invention, le phonographe, à l'ingénieur français.

De la conception à la réalisation

Le climat de l'époque

Les expositions universelles se succèdent à un rythme régulier, depuis celle de Londres, en 1851, et ce pendant un demi-siècle. Elles sont destinées à présenter au grand public les progrès et les innovations technologiques ainsi que les tendances artistiques de chaque nation, mais aussi, et surtout, d'exalter la puissance politique et économique du pays organisateur. La surenchère y est permanente et ces expositions sont l'occasion de transgresser les limites du moment, notamment en matière d'audace architecturale. Les constructions métalliques sont alors en plein essor, depuis la révolution industrielle du début du XIXe siècle, tout particulièrement dans les domaines des chemins de fer, des ponts et des viaducs, des charpentes et autres halles. Le fer fait merveille, à la fois dans l'industrie et l'architecture ; il se distingue de la fonte par un coût moins élevé, allié à des propriétés supérieures telles que l'incombustibilité, la résistance et la plasticité. Son alliance avec le verre, lui aussi en plein essor, et la brique crée un style architectural : c'est alors la vogue des passages couverts, des halles, des coupoles de magasins, des gares, des galeries ou d'ateliers divers.

Viaduc de Garabit lors de sa construction.

Cette audace architecturale se concrétise à cette époque par la portée croissante des halles, comme le palais de l'Industrie de l'Exposition de 1855 ou la galerie des Machines, en 1878, à Paris.

La course au gigantisme concerne donc plus la dimension horizontale des constructions, la dimension verticale étant jusqu'alors dévolue aux édifices religieux en pierre. Le métal y apparaît cependant en 1837 à la cathédrale de Rouen, sous la forme d'une flèche en fonte de 40 mètres (celle de Cologne culminera à 156 mètres).

Au milieu des années 1870, la France se relève difficilement de la défaite de la guerre. La démocratie parlementaire est encore toute jeune et le climat morose, en raison d'une crise économique et d'une instabilité politique.

Après l'Exposition de 1878, à Paris, censée marquer le relèvement du pays après la défaite militaire, l'idée d'une nouvelle exposition destinée à créer un véritable élan économique voit le jour au début des années 1880.

Cette exposition, prévue pour 1889, coïnciderait avec le centenaire de la Révolution française et consacrerait la République nouvellement instaurée. Il lui faut absolument un monument digne de la marquer de son empreinte.

Depuis quelque temps déjà, l'idée de bâtir en hauteur taraude les cerveaux d'un certain nombre d'ingénieurs ou d'architectes, et différents projets ont été présentés, principalement aux États-Unis et en Angleterre.

Dès 1833, l'Anglais Trevithick propose de construire une colonne en fonte ajourée de 1 000 pieds (304,80 mètres), mais il meurt très rapidement et son projet ne voit jamais le jour.

En 1853, James Bogardus imagine surmonter le palais de l'Exposition de New York d'une « tour observatoire de 90 mètres ».

En 1874, Clarkes et Reeves proposent à nouveau l'édification d'une tour-colonne de « mille pieds » pour l'Exposition universelle du centenaire de la nation américaine, qui doit se tenir à Philadelphie, en 1876. Mais le projet est enterré, faute de crédits.

L'ingénieur français Sédillot revient du continent américain avec un projet de « tour soleil » en fer surmontée d'un phare capable d'éclairer tout Paris. Il s'associe à Jules Bourdais, l'architecte du palais du Trocadéro, et le projet se transforme en une tour de 300 mètres en granit couronnée d'une lanterne métallique. Cependant, les difficultés rencontrées lors de la construction, outre-Atlantique, de l'obélisque en pierre de Washington, et qui ont contraint les concepteurs à rabaisser la hauteur, initialement établie à 180 mètres, à 169 mètres montrent la trop faible résistance de ce matériau aux forces horizontales du vent.

Le « défi français » est alors en gestation dans les ateliers de Levallois-Perret

Deux ingénieurs du bureau d'études de l'entreprise Eiffel, Émile Nouguier et Maurice Koëchlin, présentent, le 6 juin 1884, l'avant-projet d'un grand pylône métallique ajouré culminant à 300 mètres, en fait une sorte de filiation architecturale et technique hardie des hautes piles de viaducs déjà construites, et dont ils sont des spécialistes reconnus.

Ce projet n'intéresse que peu Gustave Eiffel dans l'optique de l'Exposition universelle prévue pour 1889. Néanmoins, il autorise ses ingénieurs à en poursuivre l'étude. Ces derniers intègrent alors Sylvain Sauvestre, architecte attitré de l'entreprise, et le chargent d'orner et d'agrémenter leur projet épuré, voire trop rigide, d'éléments décoratifs plus en rapport avec le style des édifices de l'époque.

Gustave Eiffel et ses pricipaux collaborateurs au pied du viaduc de Garabit ; Maurice Koëchlin figure à gauche.

Sauvestre crée pour les pieds des socles, ou redans, en maçonnerie, habille les quatre piliers et le premier étage d'arcs immenses, rajoute des salles vitrées pour l'accueil du public aux différents étages ainsi qu'un sommet en forme de bulbe coiffé d'une toiture de verre.

Les arcs donnent une incroyable impression de stabilité à la tour, alors qu'en réalité ils ne lui en confèrent aucune ! En effet, ils en sont totalement indépendants et ne font que s'inscrire dans l'espace libre compris entre les piliers. En revanche, ils symbolisent ce qui pourrait être la porte d'entrée de l'exposition.

Ce projet remanié représente la synthèse du cerveau gauche des ingénieurs, épris de calculs, et du cerveau droit, plus artistique, des architectes.

Ainsi modifié, le projet intéresse Eiffel au plus haut point, lequel s'empresse à l'automne 1884, alors que la perspective d'une exposition se précise, de s'associer à ses collaborateurs lors du dépôt des brevets.

Le 8 novembre de la même année, le président Jules Grévy fait paraître deux décrets qui instituent officiellement la future Exposition universelle. Eiffel, avec un flair et un sens des affaires affirmé, s'assure la propriété exclusive des droits du projet, à charge pour lui de toujours citer les noms de ses collaborateurs et de leur reverser 1% sur le devis de construction que lui-même percevrait. Nous sommes le 12 décembre 1884. Les dés sont jetés. Chaque collaborateur percevra 50 000 francs !

Tout le savoir-faire et le faire savoir du génial Gustave Eiffel permettront de concrétiser le projet avec le succès que l'on connaît, au point de lui donner son nom pour l'éternité, fait rarissime pour un monument.

Au cours de l'année 1885, il fait ce que l'on appelle aujourd'hui du *lobbying* auprès des ministres intéressés, de la Ville de Paris, des organes de presse et de la Société des ingénieurs civils. Il donne des chiffres précis et définit une finalité au projet, afin de le rendre concret et crédible. L'argument supplémentaire d'Eiffel est patriotique : « *La Tour peut sembler digne de personnifier l'art de l'ingénieur moderne mais aussi le siècle de l'Industrie et de la Science dans lequel nous vivons, dont les voies ont été préparées par le grand mouvement scientifique de la fin du XVIIIe siècle et par la Révolution de 1789, à laquelle ce monument serait élevé comme témoignage de la reconnaissance de la France.* »

Les chiffres prévisionnels seront bien sûr dépassés, mais l'utilité de la tour en matière d'expérimentations scientifiques sera bien réelle et en fera la digne héritière du siècle des Lumières.

Ses efforts porteront leurs fruits puisque, le 2 mai 1886, Édouard Lockroy, député de Paris et ministre du Commerce et de l'Industrie du cabinet Freycinet, lance le concours destiné à entériner un choix. Or les termes de celui-ci font irrémédiablement penser au projet d'Eiffel, au détriment de celui de la « tour soleil » en pierre d'Émile Bourdais qui, lui, a les faveurs de Freycinet.

En effet, si le règlement indique que « les constructions principales seront entièrement établies en fer avec remplissage en briques, maçonnerie, staff, etc. », l'article 9 resserre les possibilités de manière sévère : « *Les concurrents devront étudier la possibilité d'élever sur le Champ-de-Mars une tour en fer à base carrée, de 125 mètres de côté et de 300 mètres de hauteur. Ils feront figurer cette tour sur le plan du Champ-de-Mars et, s'ils le jugent convenable, ils pourront présenter un autre plan sans ladite tour.* »

La lecture attentive de ce règlement ne laisse *a priori* aucun doute sur les effets du *lobbying* exercé par Eiffel et sur les faveurs qu'il s'est attirées du ministre Lockroy. Il est important de dire, à ce stade, que notre ingénieur aussi génial que fortuné a mis dans la balance un cadeau de poids : il s'engage à prendre à sa charge une part importante du financement nécessaire à la construction de sa tour !

Dès le 12 mai, soit une semaine avant la fermeture du concours, Lockroy nomme une commission consultative de treize membres qui est chargée d'étudier la faisabilité technique du projet d'Eiffel et l'approuve à l'unanimité, avec, comme seule réserve, de changer le prestataire des ascenseurs.

Finalement, douze projets, sur les 107 présentés, sont primés et reçoivent chacun plus de 4 000 francs. Trois lauréats obtiennent une commande : Émile Dutert se voit attribuer la commande de la galerie des Machines, Gabriel Formigé obtient celle du palais des Beaux-Arts et des Arts libéraux et, bien sûr, Gustave Eiffel, la Tour de 300 mètres.

Un semestre plus tard, le 8 janvier 1887, une convention est signée entre Gustave Eiffel, l'État français, représenté par le ministre Lockroy, et la Ville de Paris, représentée par le préfet Poubelle. Elle octroie à Eiffel une subvention de 1 500 000 francs-or, la jouissance pleine et entière de son exploitation commerciale pendant toute la durée de la manifestation à des prix prédéterminés, une concession de vingt ans à compter du 1er janvier 1890, en échange de la construction de l'édifice. En contrepartie, il s'engage à l'ouvrir au public pour l'inauguration de l'exposition, en mai 1889. À l'issue de cette concession de vingt ans, le monument redeviendra la propriété de la Ville de Paris.

Eiffel crée une société anonyme au capital de 510 000 francs afin de réunir le complément de financement indispensable à son apport personnel auprès de trois banques. Le budget initial sera dépassé, en raison du changement de fournisseur des ascenseurs, mais, en dépit de cet excédent, les dépenses seront entièrement couvertes par les recettes de fonctionnement des six mois de l'exposition !

En route vers les 300 mètres...

Le dessin de la tour est quelque peu remanié par rapport à celui de 1884. Certains éléments ornementaux sont supprimés, les vitrines en verre réduites et les arches allégées. En fait, la réalisation finale sera la quatorzième et un retour vers des critères plus économiques prévaut in fine sur des considérations purement artistiques ou décoratives.

Au total, ce ne seront pas moins de 700 dessins d'ensemble, 3 600 dessins des 18 000 pièces qui auront été créés par une quarantaine d'ingénieurs et de dessinateurs.

Les fondations

Le premier coup de pioche a donc lieu le 26 janvier 1887 et les fondations seront achevées cinq mois plus tard. Un véritable exploit !

« Au dernier moment, et les travaux étant sur le point de commencer, j'ai dû les suspendre et tout parut un instant compromis. L'un des riverains du Champ-de-Mars, en prévision du danger que lui faisait courir la chute de la Tour sur son habitation, intenta, contre l'État et la Ville de Paris, une action judiciaire, dont le résultat pouvait se faire longtemps attendre et arrêter l'exécution de travaux. Je ne pus être autorisé à les entreprendre qu'à mes risques et périls, en me portant fort pour les deux parties appelées en cause, et en acceptant la pleine et entière responsabilité des condamnations qu'elles pouvaient encourir, fût-ce même la démolition de l'ouvrage... »
Gustave Eiffel, La Tour de cent mètres.

Tout le déblaiement s'effectue à la pelle, soit 30 000 mètres cubes.

Caisson à air comprimé en coupe montrant le travail souterrain des fondations.

L'entreprise Eiffel, experte en matière d'implantation des piles de ponts et de viaducs, maîtrise parfaitement les conditions locales liées aux différences de sous-
sol, selon qu'il s'agit des fondations sud et est, côté Champ-de-Mars, ou nord et
ouest, côté Seine.

Du côté Seine, les deux piles reposent sur des assises situées en-dessous du
niveau du lit du fleuve, aussi les fondations sont-elles creusées grâce à des caissons en tôle étanches placés à 5 mètres sous l'eau et remplis d'air comprimé,
ce qui permet aux ouvriers de travailler au sec en toute sécurité.

Du côté du Champ-de-Mars, les deux piles reposent sur une couche de gravier sur
laquelle une masse en béton de 2 mètres d'épaisseur a été coulée à l'air libre. La
fondation la plus profonde atteint 15 mètres.

Seize massifs de maçonnerie, un par arête de pilier, sont réalisés et terminés le
30 juin 1887. Le montage des piliers métalliques peut alors commencer dès le
lendemain et, avec eux, la première ébauche de la construction apparaît aux yeux
des Parisiens, qui se presseront tout au long de cet insolite chantier, déjà cons-
cients de la gageure que cela représente.

7 janvier 1888.

11 septembre 1888.

2 février 1889.

Vérin hydraulique destiné à soulever un montant de la tour pour y poser des cales.

Ateliers de M. Eiffel à Levallois-Perret.

Quelque 300 ouvriers préparent les pièces métalliques avant leur assemblage sur place.

Le montage du premier étage

Un mélange de savants calculs, d'ingéniosité et d'audace technique

Le plus grand pari technique se situe dès cette entame, à la construction des quatre piliers en porte-à-faux, et surtout à leur réunification, au premier étage, et non, comme on pourrait le penser, dans la construction sommitale.

Les travaux commencent par la fixation de sabots ou arbalétriers en fonte sur les massifs de maçonnerie, avec des boulons d'ancrage de 7,80 mètres de longueur. Dans ces sabots ont été ménagés des emplacements destinés à accueillir des vérins hydrauliques de 9,5 centimètres de course et de 8 000 tonnes de force de levage qui sont actionnables par une pompe à main mobile.

Les seize arêtes sont donc montées indépendamment et solidarisées au fur et à mesure par des poutrelles horizontales et diagonales. Elles formeront successivement huit, puis quatre demi-poutres, distantes de 104 mètres.
Les vérins hydrauliques permettent un réglage très fin de l'inclinaison de chaque élément constitutif, avant fixation ou solidarisation définitive par rivetage. Ils sont remplacés au fur et à mesure par des cales fixes en acier.

La Tour Eiffel n'est donc pas montée sur vérins hydrauliques, contrairement à une idée reçue et encore véhiculée à ce jour !

Les piles en porte-à-faux sont étayées par des échafaudages en bois à partir de 26 mètres de hauteur de montage. Les pièces de ce mécano, fabriquées dans les ateliers de Levallois-Perret, sont levées au moyen de grues pivotantes fixées sur le chemin de roulement des futurs ascenseurs.
De nouveaux échafaudages de 45 mètres seront placés sous les poutres de 70 tonnes du premier étage.

Le 7 décembre 1887 se déroule la jonction des quatre piles à la poutre horizontale du premier étage, dans le respect, au millimètre près, de la précision des calculs mathématiques des ingénieurs !

Rendez-vous compte que, à une époque où ordinateurs, simulateurs 3D et autres scanners et visée laser ne pointaient même pas le bout de leurs composants électroniques, les quelque 2,5 millions de rivets ont pu entrer par les orifices prévus et solidariser les pièces les unes avec les autres sans erreur !

Une réussite célébrée, comme il se doit, par toute l'équipe, lorsque la plate-forme de ce premier étage sera entièrement achevée, en avril 1888. La partie la plus cruciale de la construction, achevée avec succès, laissait le champ libre à l'érection des autres étages avec un taux de réussite certain. Eiffel pouvait être serein.

Du premier étage au sommet

Cette partie se compose essentiellement de travaux de levage et d'assemblage des pièces acheminées le long des rails des ascenseurs à venir ; seules deux grues restent utiles à partir du deuxième niveau. Mais bien sûr, avec la hauteur, les conditions de travail des ouvriers deviennent de plus en plus périlleuses et les aléas climatiques en augmentent encore la difficulté, surtout pendant l'hiver 1888-1889, particulièrement rigoureux.

Vue d'une des grues de montage.

Au-dessus du premier niveau, les charpentiers construisent au fur et à mesure des petites plates-formes en bois car les échafaudages n'ont plus d'utilité.

Une équipe de quatre hommes, dans un ballet bien synchronisé et dans un bruit assourdissant, accomplit ce travail de fourmi qu'est l'assemblage de milliers de pièces pré-usinées en atelier : un « mousse » chauffe le rivet au rouge dans une petite forge, un « teneur de tas » enfonce le rivet dans le trou en le tenant par la tête déjà formée, un « riveur » frappe sur l'autre extrémité et, enfin, un « frappeur » écrase à coups de masse la tête qui, en refroidissant, assure le serrage de l'ensemble. Il y a six équipes par pilier jusqu'au deuxième niveau, puis deux équipes ensuite.

Les ouvriers travaillent douze heures par jour en été, neuf heures en hiver, et doivent apprivoiser à mesure les effets de l'altitude. En septembre 1888, les compagnons qui encadrent les ouvriers de base entament une grève, car ils s'estiment mal payés, au regard des risques et des conditions de leur travail. Eiffel consent une prime, crée une cantine sur place et rétrograde les meneurs sous le premier étage... Un second mouvement éclate trois mois plus tard et demeure sans résultat, car Eiffel reste ferme.

L'organisation du travail est très rigoureuse : les pièces arrivent des ateliers de Levallois et sont entreposées au Champ-de-Mars, dûment numérotées, parfois préassemblées par des boulons provisoires, puis acheminées et montées comme il est décrit plus haut.

Une chaîne humaine et technique hautement spécialisée et parfaitement huilée permet d'atteindre le deuxième niveau, à 115 mètres du sol, en août 1888, et la tour est achevée le 12 mars 1889 sans qu'aucun accident mortel n'ait été à déplorer.

Mille sept cent dix marches du sol au sommet, voici qui rendra les invités de Gustave Eiffel fort essoufflés le jour de l'inauguration, le 31 mars, lorsque celui-ci hisse le drapeau tricolore sur le mât surmontant la petite plate-forme sommitale !

À cette occasion, Gustave Eiffel est décoré de la Légion d'honneur.

A 180 mètres du sol le boulonnage du joint de deux arbalétriers.

Un poste de riveurs.

Descente des ouvriers au sommet
de la tour.

Gustave Eiffel hisse le drapeau tricolore
le 31 mars 1889.

*« Quand le drapeau tricolore flotta sur la Tour Eiffel,
quand les échafaudages eurent disparu et que, dans les jardins
resplendissants, l'eau des fontaines commença à couler,
tout le monde sut dans Paris que la réalité dépassait le rêve. »*

Pierre de Coubertin

L'EXPOSITION DE PARIS
DE 1889

Le chemin des ascenseurs de la Tour Eiffel.

LE PETIT
MONITEUR ILLUSTRÉ

DIMANCHE 20 OCTOBRE 1889

UN VOYAGE A LA TOUR EIFFEL. — A la première plate-forme.

Ascenseur Edoux pour aller du deuxième au troisième étage de la tour de 300 mètres.

Les ascenseurs

Quel aurait été le devenir de la tour si Eiffel n'y avait prévu des ascenseurs ?
« *Sans ascenseurs, la tour n'eût été qu'une sublime et inutile provocation et ne serait plus aujourd'hui qu'une friche industrielle.* »
Bertrand Lemoine / W. Denker

Il aurait obligatoirement fallu gravir les 360 marches avec paliers qui mènent au premier, les 380 marches au deuxième, et les 1 062 au troisième, par un escalier hélicoïdal fort raide et sans palier ! Hormis les amateurs de records et autres exploits personnels qui se sont succédé à un rythme régulier, nul doute que la fréquentation eût été restreinte…
Heureusement, Gustave Eiffel, parfaitement conscient que l'attrait du monument serait dépendant d'un accès aisé, fait appel à des sociétés réputées en matière d'ascenseurs ; toutes ont dû innover en fonction des contraintes spécifiques de la construction : la hauteur et la verticalité, bien sûr, mais aussi la courbure des piliers, qui est différente du sol au premier étage et du premier au deuxième étage.

« *Gigantesque construction mécanique, la tour est aussi une machine à transporter les corps et les âmes jusqu'au firmament de Paris.* »
Bertrand Lemoine

Dans les piliers nord et sud, des ascenseurs de la firme américaine Otis desservent le deuxième étage : ce sont des cabines à deux étages, appuyées sur des glissières obliques et tractées par un câble dont le piston hydraulique est démultiplié par un savant jeu de poulies.
Dans les piliers est et ouest, jusqu'au premier niveau, des ascenseurs Roux, Combaluzier et Lepape, plus lents mais plus sûrs, également hydrauliques, qui peuvent transporter jusqu'à 200 personnes à la fois.

Pour rallier le dernier niveau, un ascenseur Edoux vertical, unique au monde, dont la cabine supérieure est mue par un piston hydraulique de près de 80 mètres de course contrebalancée par le poids de la cabine inférieure ! Il faut changer de machine lors d'un palier intermédiaire. Aujourd'hui, ce n'est plus le cas.

Ces cinq ascenseurs sont mis en service dès le mois de juin 1889, après l'inauguration du 6 mai, et la foule des visiteurs de l'exposition de se presser au sommet et de contempler, émerveillée, la ville de Paris. Mais avant même leur mise en service, près de 30 000 personnes avaient emprunté les escaliers !

« Midi moins dix...15 mai 1889... Enfin ! »

C'est par cette note lapidaire que Gustave Eiffel inaugure le livre d'or mis à la disposition du nombreux public qui se précipite vers la tour le jour de son inauguration. Si les mots choisis par l'ingénieux ingénieur traduisent à la fois un soulagement, et un sens de la précision bien scientifique, l'échange entre le président Sadi Carnot (« Vous croyez qu'elle tiendra ? ») et son président du Conseil (« Elle nous enterrera tous ! ») reflète bien le scepticisme de la France d'en haut. Pourtant, pas un Parisien ne manque à l'appel. Tous affluent vers la Reine de l'Exposition dans une ambiance de guinguette. Les marchands des quatre-saisons s'installent aux pieds de la tour et il est bien difficile de trouver une banquette libre dans les restaurants en hauteur. La tour connaît dès son inauguration un immense succès populaire.

« À 300 mètres, je ne trouve rien à écrire qui soit à la hauteur ! » fut l'un des premiers messages écrit par un visiteur dans le livre d'or.

Le campanile accueille les visiteurs.

Le phare dans la tempête

« Il y a dans ces sept millions de kilos de fer une aimantation formidable puis-qu'elle va arracher à leur foyer des gens des deux mondes, et puisque dans tous les ports de l'univers, tous les paquebots mettront le cap sur l'étonnante merveille. » « Elle n'est pas un édifice, elle est une voilure, un navire… »
Eugène Melchior de Vogüe

Cette belle aventure de la construction humaine que fut l'érection du monument-phare de l'Exposition universelle de 1889 n'échappa pas à quelques tempêtes qui ne relevaient en rien de troubles climatiques. De grosses vagues de contestations et des flots de dénigrement vinrent se fracasser sur lui sans toutefois le faire vaciller, tant l'intime conviction de son concepteur en fit un farouche gardien.
Les premières vagues d'une véritable cabale proviennent, en juin 1886, du corps des architectes et sont relayées par l'« establishment » artistique de l'époque.
Le 14 février 1887, le journal *le Temps* fait paraître une « protestation contre la tour de Monsieur Eiffel » adressée au directeur des travaux de l'Exposition, M. Alphand.
Elle dit en substance ceci :
« Nous venons, écrivains, peintres, sculpteurs, architectes, amateurs passionnés de la beauté, jusqu'ici intacte, de Paris, protester de toutes nos forces, de toute notre indignation ; au nom du goût français méconnu, au nom de l'art et de l'histoire française menacés, contre l'érection, en plein cœur de notre capitale, de l'inutile et monstrueuse Tour Eiffel […]. La ville de Paris va-t-elle s'associer plus longtemps aux baroques, aux mercantiles imaginations d'un constructeur de machines, pour s'enlaidir irréparablement et se déshonorer ? Car la Tour Eiffel, dont la commerciale Amérique elle-même ne voudrait pas, c'est, n'en dou-tez pas, le déshonneur de Paris. »

Les relais d'opinion des architectes jaloux de n'avoir point été sollicités ont pour nom Maupassant, Gounod, Sully-Prud'homme, Coppée, Leconte de L'Isle, Huysmans, Garnier ou Dumas fils, entre-autres.
Certains ont eu l'honnêteté de reconnaître leur erreur de jugement :
« J'ai longtemps souhaité un petit frisson de la croûte terrestre qui nous débar-rasserait de la Tour Eiffel. Puis, peu à peu, mes yeux se sont faits à cette immense girafe de fonte et je serais désolé à présent qu'elle disparût. »
Jehan Rictus (1867-1933)

Tour à tour, elle fut qualifiée de « squelette disgracieux et géant » de « lampa-daire véritablement tragique » ou de « tuyau d'usine en construction ».
Cela ne vous rappelle-t-il pas les polémiques qui entourèrent le choix de la future pyramide du Louvre ou du musée Beaubourg ?
Pour mémoire, la commerciale Amérique et son enseigne si connue de restau-ration rapide n'a-t-elle pas envisagé très sérieusement de s'installer à ses pieds, essuyant un refus catégorique du maire de l'époque, Jacques Chirac !

Le commissaire Lockroy conseille alors avec ironie et en guise de réponse au même Monsieur Alphand de « *recevoir la protestation et de la garder. Elle devra figurer dans les vitrines de l'Exposition. Une si belle et si noble prose signée de noms connus dans le monde entier ne pourra manquer d'attirer la foule et, peut-être, de l'étonner* ».

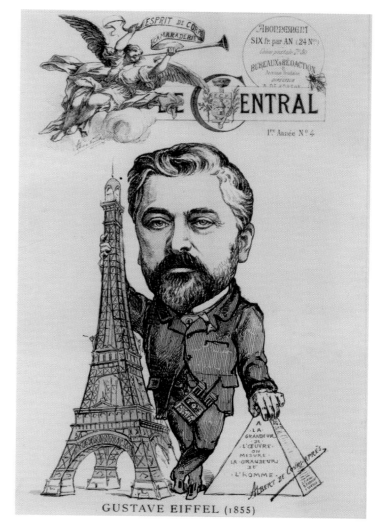

GUSTAVE EIFFEL (1855)

Et Gustave Eiffel de répondre lui-même : « *Et si la Tour, quand elle sera construite, était regardée comme une chose belle et intéressante, les artistes ne regretteraient-ils d'être partis si vite et si légèrement en campagne ? Qu'ils attendent donc de l'a-voir vue pour s'en faire une juste idée et pouvoir la juger.[...] Le premier principe de l'esthétique architecturale est que les lignes essentielles d'un monument soient déterminées par la parfaite appropriation à sa destination. Or, de quelle condition ai-je eu, avant tout, à tenir compte dans la tour ? De la résistance au vent. Eh bien ! je prétends que les courbes des quatre arêtes du monument telles que le calcul les a fournies, qui, partant, d'un énorme et inusité empattement à la base, vont en s'effilant jusqu'au sommet, donneront une grande impression de force et de beauté ; car elles traduiront aux yeux la hardiesse de la conception dans son ensemble, de même que les nombreux vides ménagés dans les éléments mêmes de la construction accuseront fortement le constant souci de ne pas livrer inutilement aux violences des ouragans des surfaces dangereuses pour la stabilité de l'édifice.* »

Rappelons-nous. La tour en fer n'est-elle pas sortie indemne de la fameuse tempête du siècle de décembre 1999, au contraire de nombre d'édifices connus ou anonymes solides comme la pierre !

La lecture attentive de cette réponse montre à quel point Eiffel avait conceptualisé ce projet en bâtisseur visionnaire.

Le contrat à durée déterminée de vingt ans qu'il avait obtenu se transforma en contrat longue durée de soixante-dix ans pour la Ville de Paris, dont elle devint la propriété en 1909. Dans l'intervalle, à l'instigation d'Eiffel, la tour s'était rendue indispensable, par son étroite implication dans les domaines des sciences et des communications, que nous allons aborder à présent tant elle fut déterminante.

Mes insolites de la Tour

Photographier la tour, monument unique et insolite sous bien des aspects, vous amène à faire des rencontres imprévues, à capter des instants surprenants ou des visions étonnantes.

Les figer sur la pellicule vous permet de restituer les émotions liées à l'effet de surprise de ces moments… toujours fugaces.

Un monument pleinement utile

« Je serais très heureux que mon œuvre puisse être profitable au service de la télégraphie militaire et servir à la défense nationale. »
Gustave Eiffel (1909)

Inculpé dans l'affaire du canal de Panama, Eiffel se retire des affaires à 61 ans et se met au service de la science et des techniques. Eiffel est un pragmatique, plutôt tourné vers l'expérimentation méthodique que vers les théories, aussi, comme il l'avait envisagé, sa tour se transforme en laboratoire d'essais dans des domaines aussi éclectiques que la météorologie, la physique des corps, l'aérodynamisme, la communication, la médecine, etc.
Les nombreux progrès qui en découleront seront autant de jolis pieds de nez à ses opposants de la première heure, qui n'avaient voulu voir en la tour qu'un mécano géant...

LES VINGT-CINQ ANS DE LA TOUR EIFFEL
Son utilisation actuelle pour la télégraphie sans fil

Un laboratoire à 300 mètres

Adresse de la Tour à Notre-Dame : « *Vieilles tours abandonnées, on ne vous écoute plus. Ne voyez-vous pas que le monde a changé et qu'il tourne autour de mon axe de fer ? Je représente la force universelle, disciplinée par le calcul. La pensée humaine court le long de mes membres. J'ai le front ceint d'éclairs dérobés aux sources de la lumière. Vous étiez l'ignorance, je suis la Science.* »
Eugène Melchior de Vogüe

Dès les flonflons de l'inauguration estompés, Eiffel permet l'installation, à 300 mètres d'altitude, d'une petite station d'observation météorologique et, de plus, finance la conception et l'entretien de quatre autres postes de mesure dans les différentes propriétés qu'il possède !

Les résultats de ces enregistrements dûment rassemblés sont publiés annuellement, dès l'année 1909, sous la forme d'un atlas, le premier du genre.

Des savants y étudient en outre les lois de l'élasticité, la compression des gaz ou des vapeurs sous la pression d'un manomètre géant, les lois relatives à la rotation de la terre, avec une réplique du pendule de Foucault.

La hauteur de l'édifice et ses différents étages offrent un site idéal pour pratiquer des expériences de physique, particulièrement dans le domaine de l'aérodynamique, qui passionne tant Eiffel, et dont il devint un pionnier.

Les premières expérimentations sont menées dès 1903 et étudient les effets de la résistance de l'air sur les formes de profil d'un corps qui chute le long d'un câble tendu de la deuxième plate-forme jusqu'au sol, soit environ 200 mètres ! Savez-vous que nous devons aux résultats de ces essais la forme semi-sphérique ou parabolique des parachutes, qui offre la meilleure résistance à l'air lors d'une chute libre ?

En 1909, Eiffel construit une petite soufflerie aux pieds de la tour où se succéderont les pionniers de l'aviation et leurs maquettes d'avions ou de dirigeables. Comme elle est trop petite pour satisfaire les nombreux ingénieurs désireux de tester leur projet, la soufflerie est déplacée rue Boileau. Les grands noms de l'époque l'ont fréquentée, à l'instar de Bréguet, de Blériot, de Farman, de Tatin ou de Voisin.

La Tour, une antenne phare

Depuis la nuit des temps, l'homme cherche à communiquer et à transmettre des signaux à distance et, pour ce faire, il bâtit ou exploite des édifices en hauteur ; pour exemple, les tours à feu des Romains et les sémaphores, indispensables repères visuels en leur temps.

Les ponts et les viaducs qui ont fait la renommée des établissements Eiffel ont pour vocation première de relier les hommes situés de part et d'autre d'un obstacle naturel. Ils influent en général directement l'économie d'une région et la vie au quotidien de ses habitants. La tour, elle, crée des « ponts invisibles et virtuels » entre des hommes situés dans des points très éloignés de la terre et permet la transmission de signaux, d'informations, de connaissances et de savoirs. À sa manière (et de quelle manière !), cette antenne-phare fut et demeure une « antenne universelle ».

Grâce au génie des inventeurs et à la sagacité de Gustave Eiffel, nous sommes passés en sa compagnie de l'ère des messages en morse de la TSF, à la fin du XIXᵉ siècle, à la propagation de signaux numériques de la TNT en ce début de XXIᵉ siècle.

PREMIÈRE LIAISON TOUR EIFFEL PANTHÉON
RÉALISÉE PAR EUGÈNE DUCRETET
1898

Profitant des découvertes respectives de R. Hertz, de G. Marconi et d'E. Branly en matière de « **télégraphie sans fil ou TSF** », Eugène Ducretet est le premier, dès 1898, à comprendre l'intérêt d'un point aussi élevé que le sommet de cette tour de 300 mètres pour effectuer la première liaison radioélectrique vers le Panthéon, distant de 4,5 kilomètres.

Puis, comme il est de tradition que les grandes avancées scientifiques et techniques soient d'abord destinées au monde militaire, en 1903, Eiffel proposa au capitaine Gustave Ferrié de pratiquer ses expérimentations de TSF à usage militaire en son sommet ; il installe une antenne reliée en contrebas à un arbre du Champ-de-Mars.

Dès 1910, des signaux sont envoyés outre-Atlantique, au Canada et en Géorgie, qui contribuent à établir l'uniformisation internationale de l'heure et des fuseaux horaires et l'établissement des longitudes. Durant la guerre de 1914-1918, un centre de télégraphie intercepte les messages ennemis, ce qui permet de confondre et d'arrêter l'espionne Mata Hari, et décrypte un radiogramme allemand, déjouant l'attaque de leurs troupes sur le front de la Marne.

L'année 1921 est marquée par la première expérience de **radio-diffusion en direct par ondes hertziennes,** et non plus en morse, reproduisant voix et musiques, en l'occurrence celle de deux grands acteurs de l'époque, Sacha Guitry et Yvonne Printemps, invités par le général Ferrié. La « **téléphonie sans fil** » est née... et peut se propager autour de la terre.

Le 3 novembre 1925, à l'initiative de Gaston Privat, *Radio Tour Eiffel* émet les premières nouvelles parlées, et les premiers essais de télévision sont effectués par E. Belin, marquant ainsi le début d'une brillante carrière de la tour antenne dans le monde du voyage, de l'image et du son.

Le 10 novembre 1935 donne le véritable coup d'envoi de la **télévision** en France. Les premières images en 180 lignes à usage public sont émises depuis la Tour Eiffel, elles sont tournées au ministère des Postes, non loin de là, rue de Grenelle.

En 1937, à la veille de la guerre, l'émetteur de la tour est poussé jusqu'à 30 kW. Il est alors le plus puissant d'Europe, et le 31 mars des spectateurs assistent au théâtre Marigny à une représentation de *Knock* par Louis Jouvet en images de 455 lignes. À l'arrivée des troupes d'Occupation, en juin 1940, l'émetteur et les ascenseurs sont volontairement sabotés, mais, en 1944, les troupes alliées ayant libéré Paris installent leur matériel de transmission au sommet de la tour et renseignent ainsi les troupes libératrices dans leur avancée sur le territoire.
Pour la deuxième fois, la tour contribue à la victoire militaire et à l'avenir jusqu'à ce jour pacifique du pays et, qui plus est, elle en ressort sans la moindre égratignure !

En 1946, la **télévision française** émet en 441 lignes sur Paris et sur sa région et diffuse deux ans plus tard le premier journal télévisé, présenté par Pierre Sabbagh.

En 1952, il s'agit d'accorder les réseaux britanniques en 819 lignes et les réseaux français en 441 lignes. Georges de Caunes et Jacqueline Joubert sont les présentateurs de cette première bilatérale prolongée en juin 1953 par la première retransmission en direct : le couronnement de la reine Élizabeth II, commenté par le célèbre Léon Zitrone. **L'Eurovision** vient de naître !
Le fameux incendie du sommet, en 1956, entraînera en 1957 la mise en place d'une nouvelle antenne de télévision et la tour « s'allonge » à 318,70 mètres (puis en 2000 à 324 mètres).
Parallèlement, la tour accompagne les progrès incessants des ondes radiophoniques, et notamment ceux de la modulation de fréquence.

En 1961, la RTF s'installe à nouveau dans des locaux situés sous la plate-forme du troisième étage et complète ses équipements techniques, assurant ainsi, en 1963, le lancement de la deuxième chaîne hertzienne, de sa duplication couleur en 1967, du lancement de la troisième en 1972, puis de Canal+ en 1984, la cinq et TV6 en 1985.

Le 1er janvier 1987, une innovation majeure du monde des télécommunications s'est tenue à la Tour Eiffel : des centaines de jeunes gens, répartis dans neuf capitales à travers le monde, peuvent dialoguer en direct pendant plus de deux heures, à l'initiative de France Télécom et de TF1 ; cette gigantesque opération de communication a mis en jeu 9 satellites et 64 lignes téléphoniques ; ce fut en quelque sorte les prémices des « chat et forum informatiques » qui seront si prisés des jeunes un quart de siècle plus tard.

Puis, en raison de la multiplication autorisée des radios « libres », elle héberge de plus en plus d'émetteurs.

En 1989, les célébrations de notre « jeune centenaire » mettront l'accent sur son rôle de « communicante universelle » : un canal mondial « Tour Eiffel » est créé ; un documentaire intitulé « le Tour du Monde en 80 Tours », clin d'œil à Jules Verne, est diffusé au mois de mai. La conférence des présentateurs de journaux télévisés du monde entier se tient à la tour à l'initiative de l'INA et de la SNTE, du 31 mars au 2 avril 1989.

En 1992, à l'occasion des Jeux olympiques d'Albertville, TDF et la SNTE installent au deuxième étage un site de démonstration et de réception de la TVHD, ou télévision en haute définition.

En 1997, conjointement au lancement du compteur de l'an 2000, le site Internet de la tour voit le jour (www.tour-eiffel.fr) et sera modifié en 2001. Ce site est magnifiquement conçu, régulièrement complété et amélioré.

Enfin, en janvier 2005, TDF installe en parallèle des antennes analogiques des émetteurs numériques, afin que le 31 mars de la même année **« la télévision numérique terrestre ou TNT »** puisse parvenir dans les foyers équipés de récepteurs adaptés. La « tour.com » entre alors de plain-pied dans la révolution du numérique, dont nous ignorons à ce jour ce qu'elle nous réserve. Que l'on est loin des premières expériences du capitaine Ferrié !

À l'heure actuelle, le centre Paris Tour Eiffel abrite en ses sous-sols et en son apex les installations techniques de quelque 6 et bientôt 14 chaînes de télévision, une vingtaine de stations de radio et une de radiotéléphonie, diffusant ainsi auprès de 20 % de la population française.

La grande Dame centenaire appartient vraiment au troisième millénaire et demeure une tour emblématique, *high-tech*, à la pointe du progrès.

Des techniques, mais aussi des hommes

La multiplication des installations de matériels hautement sensibles au sommet de la tour et leur entretien permanent imposent à des techniciens spécialisés un travail très particulier.

Pendant de nombreuses années, ceux-ci ont dû braver les conditions climatiques hostiles et de puissants champs électromagnétiques. Certains agents sujets au mal de mer ou au mal de l'air durent être affectés aux installations en sous-sol. Par jour de grand vent, il fallait haubaner les antennes paraboliques et se mettre à trois pour les faire tourner, et, surtout, gravir hiver après hiver, jusqu'en 1980, les quelque mille marches menant au troisième étage. En effet, les ascenseurs hydrauliques, impraticables de novembre à mars, furent alors remplacés par des cabines électriques. De même, l'installation, en 1985, d'un monte-charge réservé au personnel fonctionnant 24 heures sur 24, donc indépendamment des heures d'ouverture publique, leur évite de parcourir les mille six cents marches aller-retour à certaines heures.

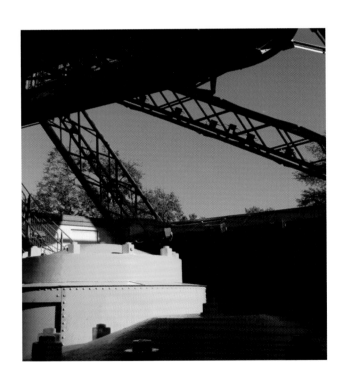

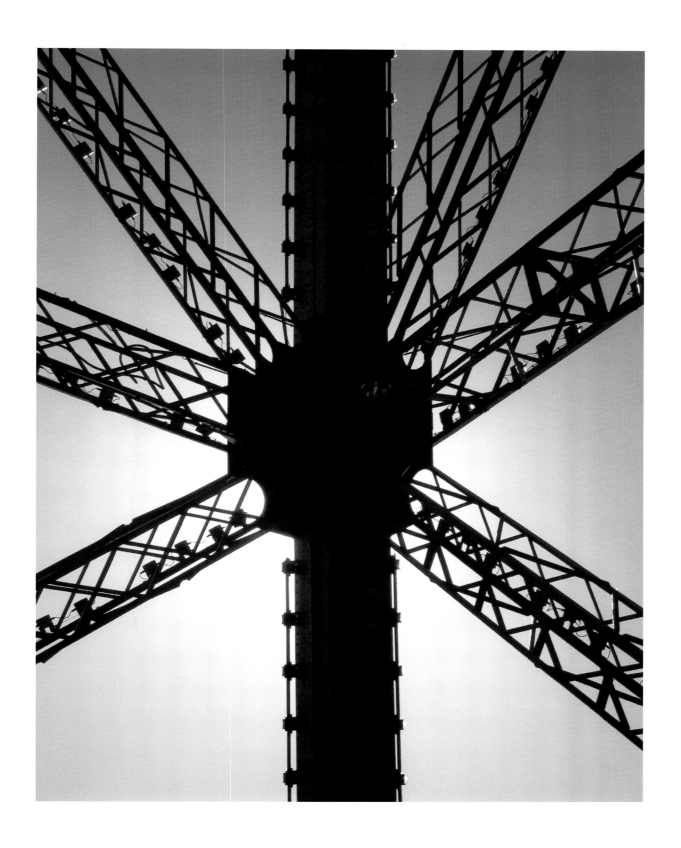

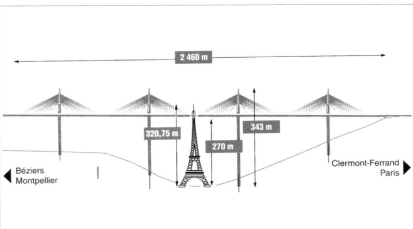

De la Tour Eiffel au viaduc de Millau, un savoir-faire séculaire de nos ingénieurs

Si la France jouit d'une réputation universelle dans les secteurs du luxe et du raffinement : mode, haute couture, parfums, décoration, gastronomie et œnologie, elle est aussi reconnue pour l'expertise de ses ingénieurs, tout particulièrement dans le domaine des moyens de transport et de leurs infrastructures.

La France n'est-elle pas le pays qui a vu naître, dans la seconde moitié du XXe siècle, le regretté paquebot France, le Queen Mary II, le supersonique Concorde, l'Airbus, le Mirage, la fusée Ariane, le TGV, le tunnel sous la Manche, le pont de Normandie, la voiture Espace et le char Leclerc, et, enfin, le Stade de France®, pour ne citer que les fleurons inscrits dans notre patrimoine de façon indélébile ? La dernière réalisation achevée et ouverte au public à la fin de l'année 2004 est le viaduc de Millau, édifice de tous les records, comme le fut en son temps la Tour Eiffel !

Que de similitudes ou d'antagonismes, à plus d'un siècle d'écart, entre ces deux édifices monumentaux, nés du cerveau des ingénieurs et des architectes, qui doivent leur existence au savoir-faire de techniciens et d'ouvriers remarquables.

Sans contestation, les deux monuments sont avant tout le fruit d'une formidable chaîne humaine de concepteurs et de bâtisseurs aussi passionnés qu'experts !

La fierté et l'émotion exprimées le 14 décembre 2004, jour de l'inauguration, par tous les maillons de cette chaîne, quel que soit leur rôle, nous renvoient à celles qui ont été ressenties, on l'imagine, un certain 31 mars ou un certain 15 mai 1889...

On disait de l'un qu'il serait inutile et l'on connaît la suite...

L'autre, né de sa fonction utilitaire, est un ouvrage d'art, ô combien esthétique ! Beauté et fonctionnalité ne sont pas incompatibles. Eiffel l'avait compris et clamé d'emblée, lui qui, ne l'oublions pas, était un ingénieur innovant en matière de ponts et de viaducs. Quelque 60 km au nord du viaduc de Millau, depuis une aire de repos de l'autoroute A 75, le fameux viaduc de Garabit est visible.

Un siècle après la tour, les savants et froids calculs des ingénieurs sont totalement associés non seulement à l'art des formes et des lignes des architectes mais aussi aux avis experts des spécialistes de l'environnement et de l'économie durable.

Pour chacun, l'on compte respectivement 4 et 16 années de gestation du projet, 25 et 38 mois de travaux avec des délais d'achèvement respectés, 20 et 75 années de concession d'exploitation en contrepartie des fonds privés apportés par G. Eiffel et Eiffage. Aucun accident mortel n'est venu assombrir la vie de ces chantiers aériens.

Les deux ouvrages ont nécessité la mise au point de nombreuses nouvelles techniques et de nombreux engins de construction spécifiques.

Mentionnons tout particulièrement la technique du lançage bilatéral et centripète des éléments du tablier du pont, préalablement construit à terre, qui utilise des vérins hydrauliques, technique pratiquée pour la première fois au monde pour le viaduc de la Sioule au XIXᵉ siècle.

Ce principe a été réadapté au viaduc de Millau par l'ingénieur de la société Eiffel, Marc Buonomo, et a permis, sans erreur aucune, le lançage des éléments tabliers par avancées successives de 60 centimètres et le raccordement final avec une précision de 7 millimètres sur les calculs préalables !

Des record mondiaux innombrables pour leur époque respective, à commencer par leur dimensions :
– 300 mètres de hauteur pour la tour et 343 mètres pour le viaduc en haut du hauban de la pile P2, elle-même, culminant à 245 mètres du sol, pour 2 460 mètres de longueur totale.
– 7 300 tonnes de fer, pour l'une, et 36 000 tonnes d'acier, pour l'autre, dont 110 tonnes pour les seules soudures.
L'une n'enjambe pas la Seine, l'autre franchit le Tarn.

Pour les deux édifications, le métal l'a emporté sur la pierre ou le béton, en raison de ses propriétés mécaniques de résistance et de flexibilité ; en effet, le tablier du viaduc est formé d'une ossature de caissons métallique enrobée d'un coffrage de béton.

Toujours pour les deux ouvrages, les pièces ont été fabriquées à distance et acheminées pour y être assemblées sur place par une armée de riveteurs ou de soudeurs. Mais une énorme différence témoigne des gigantesques progrès technologiques du siècle écoulé : pour les ingénieurs des ateliers de Gustave Eiffel, aucun ordinateur, simulateur, point de soufflerie, de projection en 3D, de visée laser ou de GPS pour valider les calculs et contrôler les phases d'assemblage !
Pour ceux des sociétés Eiffage, Eiffel et autres entreprises impliquées, des outils informatiques surpuissants et des logiciels hypersophistiqués.

Cela étant, la « nourriture » des ordinateurs est bien d'origine humaine, et dans les deux aventures, aucune erreur préalable, aucun accident n'a entaché la fantastique réussite finale, saluée d'emblée par un public enthousiaste.
L'Homme a dompté la conquête de l'espace vertical et poursuit celle de l'espace horizontal.

Les chiffres et les lettres de la Tour Eiffel

TOUR EIFFEL

Taille
1989 : 312,27 mètres, avec drapeau.
1991 : 317,96 mètres, avec antenne.
2000 : 324 mètres, avec antenne.
Base carrée de 129,22 mètres de côté.

Télécommunications
Télévision numérique terrestre ; téléphonie sans fil ; télévision par ondes hertziennes ; télégraphie sans fil.

Teintes
Elle est spécifique et comprend trois tonalités différentes de bas en haut, du plus foncé au plus clair, afin de donner une impression générale d'uniformité, en dépit des différents éclairages diurnes.

Tonnes
À l'origine 11 000 tonnes, dont 7 300 tonnes pour la charpente, et 10 100 tonnes aujourd'hui, dont 1 340 tonnes soustraites en 1983.
50 tonnes, le poids du compteur.
4 tonnes de chiffons, 2,5 tonnes de sacs-poubelles.
60 tonnes de peinture pour une campagne complète.
18 tonnes d'installations électriques.
Le poids de l'air occupant le volume total de la tour est supérieur à celui de sa structure en fer !

Tourisme
Monument touristique payant le plus visité et le plus connu au monde. Il figure dans la totalité des guides ou des brochures touristiques de Paris, toutes éditions confondues !

Travaux
Ceux-ci dureront 2 années, 2 mois et 5 jours, sans accident mortel, avec 120 à 200 ouvriers sur place et plus de 300 dans les ateliers à Levallois.

Triomphe
La tour incarne le triomphe de la technologie, de la construction métallique et du génie humain à la fin XIXe siècle.

Observation

48 caméras de surveillance scrutent le monument et ses visiteurs.

Observatoire

Depuis son sommet, on peut observer Paris et son environnement jusqu'à 70 kilomètres par beau temps. Si ce n'est qu'avec la pollution cela devient rarissime… Le sommet a servi d'observatoire astronomique et météorologique au début du siècle (photo de Venus).

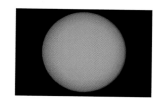

Ondes

Ondes électromagnétiques, hertziennes ou radioélectriques, lumineuses ou numériques. Elles foisonnent au sommet du monument, obligeant ceux qui la fréquentent à être revêtus d'une combinaison protectrice intégrale.

Orientation

Ses quatre piliers sont situés selon les quatre points cardinaux. Elle est située à une latitude de 48° 51′ 32″ nord et à une longitude de 2° 17′ 45″ est.

Oscillation

Le sommet de la tour se déplace en fonction de la chaleur, de l'ensoleillement et du vent ; ce mouvement est capté par un rayon laser analysé en permanence et visualisable sur un oscilloscope situé dans la régie technique sous le pilier nord. La plus forte oscillation constatée à ce jour est de 18 centimètres (forte chaleur) et de 15 centimètres (fort vent).

Ouvriers

On comptait de 120 à environ 200 ouvriers sur le chantier, auxquels on peut rajouter 326 ouvriers de l'entreprise Eiffel à Levallois-Perret.

Uniformes

Les agents d'accueil de la tour viennent en 2005 de troquer leurs anciens uniformes vert bouteille pour des tenues combinant les tons bruns, orange et blancs. Plusieurs tenues et accessoires permettent aux agents de s'adapter aux conditions climatiques très différentes, parfois au cours d'une même journée. Le couturier Jean-Charles de Castelbajac a créé cette nouvelle collection.

Urinoirs

Au troisième étage, l'on trouve les urinoirs publics les plus élevés de France.

Universelle

Monument vedette de l'Exposition universelle de 1889. Elle jouit d'une notoriété universelle et d'une fréquentation universelle.

« La Tour est présente au monde entier. D'abord comme symbole universel de Paris, elle est partout sur la terre où Paris doit être énoncé en image. »
Roland Barthes.

Unique
À vous de déterminer en quoi elle l'est le plus…

Records

La tour a battu de nombreux records en son temps, et innombrables sont ceux que l'on cherche à battre depuis le début du siècle. En voici une sélection :

1889 : 2 millions de visiteurs pendant les cinq mois que dure l'Exposition.

1905 : ascension du premier étage par les escaliers en un temps de 3 minutes 12 secondes par Monsieur Forestier.

1925 : la tour se transforme en plus grand panneau publicitaire du monde (Citroën).

1948 : ascension au premier étage de l'animal le plus lourd, une éléphante de 85 ans.

1987 : le Néo-Zélandais Hackett saute à l'élastique depuis le deuxième niveau.

1989 : le funambule P. Petit parcourt 70 mètres sur un fil tendu entre le Trocadéro et le premier étage en 30 minutes devant 250 000 personnes.

1989 : un inconnu, J.-M. Casanova, escalade le monument en 20 minutes, sans autorisation, à mains nues et sans sécurité.

1995 : le tri-athlète Y. Lossouarn s'approprie le record de l'ascension de la tour par les escaliers en 8 minutes 51 secondes.

1998 : H. Richard bat le record d'ascension en VTT du sol au deuxième étage.

1998 : 700 journalistes internationaux et 120 chaînes de télévision sont reçus à la tour à l'occasion de la Coupe du monde de football.

2001 : le record de H. Richard est pulvérisé par l'espagnol Zumeta.

2002 : le même H. Richard se réapproprie le record.

Rénovations

Elles sont permanentes depuis la construction de l'édifice au point que d'aucuns prétendent que plus rien n'est d'origine !

Depuis 1980, et sous l'égide de la SNTE, la politique de rénovation a été amplifiée : allégement de la structure de 1 340 tonnes ; sécurisation générale du monument sous tous ses aspects ; 18 campagnes de peinture se sont succédé tous les sept ans, et dorénavant tous les cinq ans pour les niveaux supérieurs et tous les dix ans pour le niveau inférieur. La dernière peinture ne comprend plus de plomb. Outre son effet sur l'esthétique, la peinture, depuis l'origine, a comme fonction principale de protéger le métal des effets de la corrosion ; changement ou réfection des ascenseurs : aucun n'est d'origine…

En 1983 et en 1994, de nouvelles cabines mènent au dernier étage (duo-lift électrique Otis), création pilier sud d'un monte-charge électrique pour le personnel en 1989 et d'un ascenseur spécifique pour les clients du restaurant Le Jules Verne (la distance parcourue chaque année par les cinq ascenseurs équivaut à plus de deux fois le tour de la terre). Les machineries hydrauliques des piliers est et ouest datent de 1899. Leurs pistons sont lubrifiés deux fois par semaine avec du suif de graisse animale, dont la viscosité suffisamment élevée permet son maintien, en dépit des rotations continues de ces pièces.

Répliques

Hormis les innombrables répliques et produits dérivés en tout genre, la réplique la plus fidèle, haute de 100 mètres, se trouve à l'hôtel Paris, à Las Vegas, et reçoit 300 000 visiteurs par an. On peut retrouver d'autres répliques plus ou moins fidèles à Bristol, à Lyon, à Prague, à Berlin ainsi qu'au Japon, et en maquette à l'échelle 1/30ᵉ dans le parc d'attractions « France miniature ».

Par le petit bout de la lorgnette

Du premier ou deuxième niveau, l'on capte des détails de l'architecture typique des immeubles racés qui l'entourent ou des visions insolites et un brin indiscrètes de la vie sur le macadam parisien.

IL DÉPE
QUE · JE
QUE ·
CEC
AMI · N

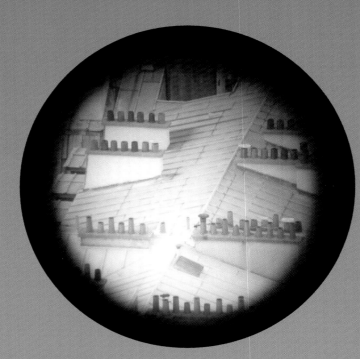
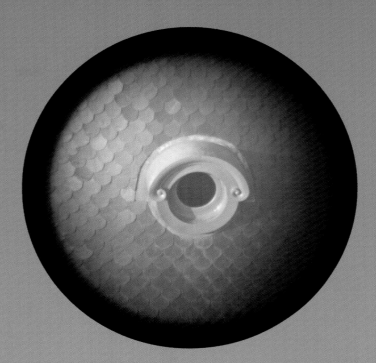

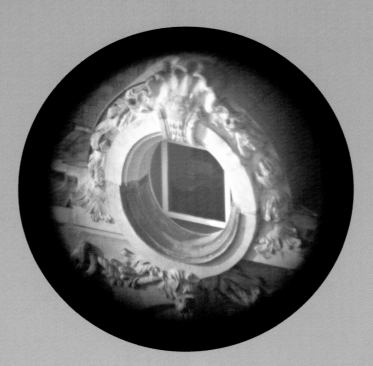

Restaurants

À l'origine au nombre de quatre, ils sont aujourd'hui deux. Au deuxième, le restaurant gastronomique le Jules Verne et, au premier étage, la brasserie Altitude 95.

Rivets

Ils sont deux millions cinq cent mille et ont tous été rivetés manuellement dans les ateliers, ou, pour 1 005 0846 d'entre eux, sur place, lors de l'assemblage des 18 038 pièces en fer puddlé.

TOUR EIFFEL

E

Éclairage

350 000 kW/h par an pour les illuminations.
Il est assuré par plus de 100 modèles différents de lampes, soit 10 000 ampoules.

Employés

Ils sont environ 500 à la SNTE ou sous-traitants à s'occuper du monument : agents d'accueil, guides, électriciens, plombiers, peintres, soudeurs, personnel de restauration, agents de propreté, ingénieurs et personnel administratif ; n'oublions pas les policiers du commissariat particulier de la tour, lequel est ouvert 24 heures sur 24.

Escaliers

A l'origine, 1 710 marches. Le dernier étage est en colimaçon.
Aujourd'hui, 1 665 marches dont la moitié environ est accessible au public ; les paliers sont régulièrement agrémentés de panneaux informatifs sur l'histoire du monument. Les emprunter constitue donc un exercice de culture physique et cérébrale, la tête et les jambes, en somme !

Escroquerie et enchères

En 1925, Victor Lustig, profitant d'une nouvelle parue dans les journaux au sujet d'un éventuel démontage de la tour, réunit les représentants principaux des plus importantes compagnies récupératrices de métaux ferreux à l'hôtel Crillon. Se présentant comme ministre des Postes et Télégraphes, il leur annonça solennellement : « *Messieurs, le gouvernement devra démolir la Tour Eiffel ! Et vous êtes ici pour soumissionner !* » L'arnaque fonctionna… une fois. Mais à la deuxième tentative, la proie fut plus perspicace et le comte dut s'échapper aux États-Unis, où il fut arrêté et emprisonné dans la prison d'Alcatraz.
Grand succès international, une vente aux enchères de l'escalier hélicoïdal, découpé en vingt tronçons, eut lieu le 1er décembre 1983 devant les caméras de télévision. Un élément de 4,30 mètres est exposé au premier étage du monument.

TOUR EIFFEL

I

Inauguration

La tour de 300 mètres a été inaugurée officiellement le 15 mai 1889, soit 9 jours après l'ouverture de l'Exposition. Tout Paris accourt !

Informatique

Trois réseaux : bureautique-billeterie-signalétique.
L'ensemble des stations de travail est connecté sur des serveurs Network. La maintenance du matériel et des progiciels est assurée par un cabinet extérieur.

Internet

Le site Internet, www.tour-eiffel.fr, est ouvert en 1997 et remanié en 2001. Ce site est très documenté : bilingue français-anglais, il comprend 500 pages, 1 000 illustrations, des visites virtuelles à 360 degrés et en 3D, des vidéos du scintillement et du feu d'artifice du Millénaire, ainsi qu'un espace ludique. En 2004, on a répertorié 3 530 433 connexions à ce jour, et 17 millions depuis l'ouverture du site.

Incendie

Deux incendies ont affecté la tour. Le 3 janvier 1956, un premier incendie en ravage le sommet, endommageant le local d'un émetteur de télévision. Le 22 juillet 2003, un léger incendie prend vers 19 heures 20, au troisième et dernier étage, dans un local technique, ne faisant aucun blessé, mais obligeant à évacuer 3 000 touristes, dont 200 qui se trouvent à cet étage.

La tour est équipée d'un système anti-incendie très complet.

Illustres (visiteurs)

Bien entendu, le monument a vu passer dans ses entrelacs métalliques nombre de personnages illustres du monde scientifique, politique, sportif ou artistique comme :

En 1889 : des membres des familles régnantes de Grèce, de Belgique, du Royaume-Uni, de Russie, du Portugal, du Japon, d'Égypte ou de Perse.

Que de têtes couronnées pour cette première année !

Thomas Edison, Youri Gagarine, Jean-Loup Chrétien, Claudie André-Deshays. Plusieurs nobélisés ;

Le pape Jean-Paul II, les présidents français Valéry Giscard d'Estaing, François Mitterrand, Jacques Chirac. Boris Eltsine et le président chinois Hu Jintao dernièrement. Pelé, Michel Platini, Mohamed Ali, David Douillet, Stéphane Diagana. Édith Piaf, Maurice Chevalier, Charles Aznavour, Gilbert Bécaud, Georges Brassens ou Buffalo Bill.

TOUR EIFFEL

Fer

La Tour Eiffel est en fer puddlé (brassé), à très faible teneur en carbone, provenant du minerai lorrain et fourni par les aciéries Fould-Dupont de Pompey.

Tout le fer contenu dans l'édifice, une fois refondu en une plaque aux dimensions de sa base, aurait une épaisseur de 6 centimètres.

Fermeture

La tour a été totalement fermée pendant les deux guerres mondiales.

Sinon, elle l'est ponctuellement lors des feux d'artifice, d'incidents tels que des tentatives de suicide, rares à ce jour, et dernièrement lors de fortes chutes de neige ou de périodes de gel, comme ce fut le cas en mars 2005. En effet, il est impossible de saler ou de sabler ce lieu, sous peine d'endommager le métal et les mécanismes des ascenseurs.

Films

La tour a été édifiée quelques années avant l'invention du cinéma par les frères Lumière. Elle a évidement été à l'honneur dans de nombreuses réalisations du 7e art, pour exemples :

1897 : panorama pendant l'ascension de la tour Eiffel de Louis Lumière, et Images de l'Exposition 1900 de Georges Méliès.

1923 : Paris qui dort de René Clair.

1927 : Mystères de la Tour Eiffel de Julien Duvivier.

1930 : La Fin du monde d'Abel Gance.

1948 : L'Homme de la Tour Eiffel de Burgess Meredith.

1952 : Bonjour Paris de Jean Image (dessin animé).

1960 : Zazie dans le métro de Louis Malle.

1963 : Les Plus Belles Escroqueries du monde - Paris de Blake Edwards.

1980 : Les Uns et les Autres de Claude Lelouch et Superman II de Richard Lester.

1982 : Le Ruffian de José Giovanni.

1984 : Rive droite – rive gauche de Philippe Labro, et Dangereusement vôtre de John Glen.

2003 : Le Divorce de James Ivory.

Finances

Le coût de la construction, en grande partie financé par Eiffel, est remboursé dès la fin de l'Exposition universelle de 1889.

À ce jour, l'exploitation du monument est bénéficiaire, au prix d'une stratégie de gestion rationnelle et efficace qui a été mise en place par la SNTE depuis 1980. La Tour Eiffel devient une entreprise à part entière et son chiffre d'affaires a quintuplé en vingt-cinq ans.

En 2003, les recettes proviennent pour plus de 83 % des entrées, à 12 % des sous-concessionnaires, le reste provenant à parts égales des produits financiers et des droits d'image ou de location de salles. L'exercice 2003 a dégagé un bénéfice de plus de 11 %, soit 5,7 millions d'euros ; 90 % sont reversés à la Ville de Paris.

Flashs

Ils sont assurés par 20 000 ampoules espacées de 80 centimètres reliées par 40 kilomètres de câbles, arrimées par 40 000 connecteurs et plus de 120 000 pièces de serrurerie, soit un total de 60 tonnes de métal !

100 millions de flashs sur dix ans, pour notre bonheur !

Fréquentation

1889 : 28 922 « courageux » la gravissent à pied dès la première semaine et 1 953 122 personnes la visitent pendant la durée de l'Exposition.

La Tour Eiffel aura connu plusieurs chutes de fréquentation, effet de mode passé, mais c'est surtout dans la période 1901-1914 que les visiteurs se font plus rares. Ainsi, en moyenne, chaque année, la fréquentation oscille entre 120 000 et 250 000 personnes. On ne retrouvera le niveau de fréquentation observé lors de sa création qu'au début des années soixante, avec le développement du tourisme mondial.

1980 : 3 594 190 (début de la SNTE)

1985 : 4 368 573

1990 : 5 968 613

1995 : 5 212 677

2000 : 6 315 325

On peut penser qu'en raison de l'arrivée massive des touristes chinois (800 000 sont attendus en 2005), la barre des 7 millions annuels sera très bientôt franchie !

La Dame de Fer croise le fer...

Par jour : 3 000 entrées à marée basse et 30 000 à marée haute.

Quelques dates-clés :

1953 : 25 millionième visiteur.

1993 : 100 millionième visiteur.

2002 : 200 millionième visiteur.

« On me décore parce que je suis le seul homme en France à ne pas avoir visité la Tour Eiffel. »
Jules Verne recevant la rosette de la Légion d'honneur !

Les 7 300 tonnes de fer pourraient aujourd'hui être remplacées par moins de 10 tonnes d'acier. Le surdimensionnement de la tour est en partie dû à ce choix du fer contre l'acier.

TOUR EIFFEL

Étages

Le premier : hauteur de 57,63 mètres et une surface de 4 200 m².

Le deuxième : hauteur de 116,73 mètres et une surface de 1 650 m².

Le troisième : hauteur de 320,75 mètres et une surface de 350 m².

Exploits et événements (sélection)

1923 : le journaliste Labric descend à vélo du premier étage.

1997 : un potager géant de 8 000 citrouilles fait face à la tour dans les jardins du Trocadéro.

1998 : première émission et oblitération d'un timbre rond, « France 98 », émis par La Poste en l'honneur de la Coupe du monde de football depuis la tour.

2004 : accueil de la flamme olympique des Jeux d'Athènes ; montée des marches et descente en rappel du premier étage.

2005 : visite du comité international olympique lors de la visite d'inspection de la candidature « Paris 2012 ».

2005 : la tour est exceptionnellement fermée le 3 mars en raison des chutes de neige et du gel.

Expositions

La tour a depuis longtemps accueilli de très nombreuses expositions et s'expose depuis peu régulièrement ailleurs en France et à l'étranger. Nous en mentionnerons quelques-unes.

À la Tour, récemment :

1984 : « Les musées de la Ville de Paris et leurs mécènes ».

1988 : « L'invention au temps de Gustave Eiffel ».

1996 : « L'aventure du fer ».

1998 : « Jules Verne ».

2002 : « La Tour Eiffel vue par le photographe Wojtek Korsak ».

2004 : « L'Oriental Pearl de Shanghai ».

À l'étranger

1986 : exposition à Madrid ; 1987 : à Lisbonne ; 1988 : à Tokyo et à Osaka ;

1989 : à New York ; 1992 : à Mexico City ; 1993 : à Caracas ; 1999 : à Florence ; 2004 : à Shanghai.

Depuis le bureau de poste de la tour, première émission et oblitération d'un timbre rond "France 98" créé par Louis Briat.

Laboratoire

Dès son achèvement la tour a servi de laboratoire de recherches dont beaucoup ont été lancées ou menées par Eiffel lui-même.

En hommage aux hommes de science, Gustave Eiffel fit inscrire le nom de 72 savants illustres du centenaire écoulé sur la frise des quatre façades de la tour. Dégradées par le temps, les inscriptions ont été ravivées lors de la campagne de peinture de 1986.

Legs

Les descendants d'Eiffel ont légué en 1981 un fonds d'une richesse inestimable sans cesse entretenu et enrichi au fil des cinq générations. Ce fonds est la propriété des musées nationaux et est géré par le musée d'Orsay.

Logiciels

Plusieurs programmes informatiques ou progiciels ont été spécialement mis au point pour assurer le fonctionnement de l'éclairage, du phare, du compteur, du scintillement et assurer la signalétique lumineuse, qui devrait être généralisée dans tout le monument en 2006.

Longues vues (ou télescopes)

Elles sont au nombre de 36 réparties sur l'ensemble des plates-formes.

Buste de Gustave Eiffel par A. Bourdelle.

Les miroirs de la tour

ASTRONOMIE

LE MIRAGE DE LA TOUR EIFFEL

L'*Astronomie* a reçu à ce sujet du Dᵣ Charles-Henri Martin la curieuse communication suivante :

« Le vendredi 6 décembre dernier, vers neuf heures du matin, MM. Lion, ingénieur de la Ville, Didier et Laureau se trouvaient sur la place du Trocadéro, au coin de l'avenue Kléber. De ce point on aperçoit la moitié supérieure de la tour Eiffel, par-dessus la partie gauche des bâtiments du palais du Trocadéro.

« En ce moment le temps était clair et le soleil brillant. Tout à coup les observateurs s'aperçurent que la tour se trouvait surmontée, pointe à pointe, par une seconde tour renversée, dirigée dans le même axe que la véritable. Cette image renversée était très nette, au point que l'on apercevait distinctement la pointe, la boule terminale et toutes les travées de la dernière partie de la tour ; la seconde plate-forme se voyait encore assez bien ; puis la partie moyenne était moins visible, et la base s'évanouissait, perdue dans une brume supérieure (1).

« Très près et derrière la vraie tour Eiffel, au-dessus du Champ-de-Mars, on pouvait remarquer, surtout à droite, vers l'ouest, un nuage bas, stationnant à la hauteur de la partie moyenne de la tour, très brillant, éclatant comme de l'argent, d'une apparence pailletée. L'apparition resta très nette pendant les quel-

Le mirage de la tour Eiffel.

ques minutes que les observateurs demeurèrent sur la place. Elle était encore visible lorsqu'ils eurent traversé les bâtiments du Trocadéro jusqu'à la fontaine. Le soleil brillait à travers la brume, à gauche de la tour, presque à la hauteur du deuxième étage. »

C'est là, assurément, un fort intéressant phénomène météorologique, et nous sommes heureux de pouvoir le mettre sous les yeux de nos lecteurs. Les conditions de sa production étaient celles que l'on connaît. La couche d'air immédiatement supérieure à la tour faisait l'office de miroir. A la surface du sol, la température était de 0°. A cette même heure, au sommet de la tour, elle était de — 3°,5. Vent nord-est faible.

Ce phénomène du mirage supérieur a déjà été observé. Au moyen âge, des armées apparurent dans le ciel et, la superstition aidant, le phénomène resta absolument inexpliqué. Les astrologues prédirent des guerres, des calamités de toutes sortes. Aujourd'hui le phénomène s'explique facilement, il suffit de se rappeler le mirage du désert dont nous avons donné la description dans un précédent numéro. Dans le désert, ce sont les couches d'air inférieures qui font l'office de miroir, ici, ce sont les couches d'air supérieures ; l'explication est d'ailleurs absolument la même. A Paris, le phénomène n'a été relaté qu'une seule fois dans l'*Atmosphère*. Le 14 décembre 1869, entre trois heures et quatre heures du matin, apparut au-dessus de la Seine l'image renversée des différents ponts, au fond Notre-Dame et le Panthéon, plus près les Tuileries et le Louvre. L'heure matinale de l'apparition du phénomène empêcha bien des gens de l'observer, et peut-être s'est-il reproduit depuis sans qu'on l'ait soupçonné.

(1) Gravure extraite de l'*Astronomie*, recueil dirigé par Camille Flammarion (Gauthier-Villars, éditeur).

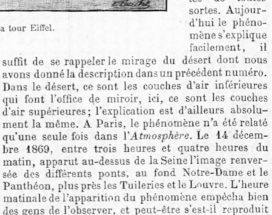

Si pour photographier la tour, symbole de Paris, il faut inévitablement lever les yeux et se tordre le cou… l'on peut aussi abaisser le regard et mettre à terre un genou… Car cette diva des sommets aime à se mirer en sa ville d'accueil sans jamais toutefois tomber dans le narcissisme qui frappe souvent les stars. Elle le fait avec élégance et discrétion… Capter ces moments éphémères et changeants est un véritable bonheur !

Virtuelle ou réelle, fidèle ou déformée, entière ou partielle, éclatante ou subliminale, nocturne ou diurne, pointilliste ou ondulante telles sont les images d'elle-même qu'elle nous renvoie…

Dans le fleuve et les ruisseaux de la ville, dans les pavés ou le bitume humides de ses artères, la terre et les bassins de ses espaces verts, les vitrines et les fenêtres de ses façades bref en ses reflets parisiens, voici une autre manière de l'approcher et de la découvrir…
Sans avoir à vous mouiller !

Une Grande Dame tout à fait renversante !!!

Bibliographie

Actualité de la scénographie N°106, 2000.
BARTHES Roland, *La Tour Eiffel,* Delpire, 1964.
CABANNE Pierre, *Paris vous regarde,* Pierre BORDAS & fils, 1988.
CFJ Hors-série, Le journal du centenaire, CFJ, 1989.
CONTE Arthur, *L'Album photos de la Tour Eiffel,* Lacroix, 1980.
DENKER Winnie/LEMOINE Bertrand, *La Tour Eiffel,* M. Lafont, 2004.
BURE Charles de, *La Tour de 300 mètres,* Editions André Delcourt, Lausanne, 1988.
FREMY Dominique, *Quid de la Tour Eiffel,* R. LAFFONT, 1989.
GAILLARD Marc, *La Tour Eiffel,* Flammarion, 2002.
GAROSSIO-GRANET Amélie, Catalogue du Fonds EIFFEL/ Musée d'ORSAY, Réunion des Musées nationaux, 1989.
GRANET André, *Décors Ephémères,* Paris 1909-1948.
HORST HAMANN, *Paris vertical,* Te Neues Papeterie Publishing Company et Edition Panorama, 2005.
JENGER Jean, *Souvenirs de la Tour Eiffel,* Réunion des Musées nationaux, 1989.
JULLIAN Marcel, *L'année EIFFEL,* Historia N°493, 1989.
KRIEF Philippe, *Paris Rive Gauche,* Editions Massin, 2004.

LARBODIERE Jean-Marc, *Reconnaître les bords de Seine,* Editions Massin, 2003.
LARNAUDIE-EIFFEL Xavier : *L'Architecture métallique-G Eiffel,* Conférence Préf., Maisonneuve et Larose, 1996.
LEMOINE Bertrand, *Gustave Eiffel,* F. Hazan, 1984.
LEMOINE Bertrand, *La Tour de Monsieur Eiffel,* Gallimard coll. « Découvertes », 1989.
LUX N°138, 1986 – N°192, 1997 – N°206, 2000 – N°228, 2004.
MARREY Bernard, *La Vie et l'œuvre extraordinaire de Monsieur Gustave Eiffel,* Graphite Paris, 1984.
MARREY Bernard, *Matériaux de Paris*, Parisgramme, 2002.
Midi Libre/hors-série/Viaduc de Millau n° 1-2, 2004/2005.
Le Moniteur, numéro Viaduc de Millau + DVD, décembre 2004.
SONO-Magazine, N°38, 2003. Art. E. GAULUPEAU.
SPILMONT Pierre/FRIEDMAN Michel, *Mémoires de la Tour Eiffel,* Grasset, 1983.
THIEBOT Elise/NAVA Thierry/Christophe BERTHONNEAU, *Le théâtre du Feu,* Actes Sud, 2002.

Crédits photograhiques

Les photographies de ce livre sont de l'auteur exceptées :
pages 80/81 – 82/83 au centre de la double page – page 189 en haut : DANIEL Xavier ; page 116 : © HEKIMIAN Julien/CORBIS SYGMA : Spectacle pyrotechnique du 31 décembre 1999 conçu et réalisé par Yves Pépin et Christophe Berthonneau – Production ECA2/Groupe F – Concepteur lumière : Pierre Bideau © SNTE ; pages 125/126 : SKY LIGHT Paris ; page 124 : JARNIAS
© TOURNAIRE Pascal ; page 130 en haut et en bas à gauche : © AE&T ; page 180 en haut à gauche : © Compagnie Eiffage du Viaduc de Millau, Foster and partners, D. Jamme ; page 194 en bas : CHANTRIER Sabine.

Parmi les photos de l'auteur :
Toutes les photos de la Tour Eiffel de nuit et les photos de jour avec le compteur de l'AN 2000 : © Société Nouvelle d'exploitation de la Tour Eiffel – conception Pierre Bideau – éclairagiste ; pages 8/138/139/140/141/ 4e de couverture : © SNTE/EDF ; pages 9/11/216 à gauche/217 à droite : © Spectacle pyrotechnique du 14 juillet 2004 – Conception

Fêtes et Feux ; pages 63 milieu/73/97 en haut à droite/182 en haut : © Collection Tour Eiffel ; page 95 à droite : Collection Musée du Scribe ; p. 117/118 – 119 – 120 : Spectacle pyrotechnique du 31 décembre 1999 conçu et réalisé par Yves Pépin et Christophe Berthonneau – Production ECA2/ Groupe F – Concepteur lumière : Pierre Bideau © SNTE ; pages 147/184 : Collection de la Monnaie de Paris ; page 170 en bas à droite : DR ; page 174 en haut, milieu à gauche, en bas et page 175 : Collection du Musée de Radio France ; page 177 : Télédiffusion de France ; pages 176/au milieu à droite/188 en haut/198/199 : DR ; page 180 : © schéma viaduc de Millau/Hors-série spécial décembre 2004/Midi Libre ; page 180 : Stade de France® – architectes MACARY, ZUBLENA et REGEMBAL, CONSTANTINI ; page 181 : © Jean-Paul GOUDE pour les Galeries Lafayette ; page 185 : télescope/Wika-Dimo.

Toutes les illustrations historiques :
collection Tour Eiffel sauf : page 95 : Citroën Communication ; page 96 en haut : photo (C)RMN / © Christian Jean – musée d'Orsay, Paris, Fonds Eiffel.

© 2005 Massin Editeur
16-18, rue de l'Amiral Mouchez,
75686 Paris Cedex 14.
Tél. 01 45 65 48 48.
www.massin.fr

ISBN 2-7072-0517-6
Conception graphique et maquette Michel Duris.
Photogravure R.V.B. Editions, 92120 Montrouge.
Imprimé en France par IME-Baume-les-Dames (25).